音大・音高受験生のための

2018年度入試問題付

楽　　典

THEORY & LESSON

学習の前に・・・

　本書前半のTHEORY & LESSONは株式会社パンセ・ア・ラ・ミュージック企画制作「音大・音高受験のための楽典マスターセット」の30年以上にわたる添削指導の総決算として、主に音楽大学・音楽高校受験者を対象に音楽基礎理論の解説を行い、実践的な入試課題を実施しながら、より高度な疑問に応えることを目指して編集しています。

　元来、楽典を学ぶ本来の目的はソルフェージュ能力の向上にあり、この目的なくして楽典を学ぶことは、入試のみならず専門教育の第一歩を大きく踏み外すことになりかねません。そこで、本書では入試に必要な知識を網羅するにあたり、プロの音楽家としての洞察力をも養えるよう、実践的な譜例を数多く掲載しました。充分なソルフェージュ能力が身につくまでは、ピアノなどで響きを確かめることを心がけて下さい。

　なお≪参考≫として楽典をより深い面から捉え、養った知識を有効に生かすための関連事項を掲載しています。やや高度な内容も含まれますが、新たな視点の獲得に役立てて下さい。

　本書が受験生皆様にとって、第一志望校合格の一助となれば幸いに存じます。

株式会社パンセ・ア・ラ・ミュージック
制作部

THEORY & LESSON 目次

第1章　楽譜の基本 ･･･ 6
　【1】五線・加線の名称
　【2】音部記号
　【3】音符の部分名称
　【4】音名と階名 ･･ 7
　　　　1．音名　2．階名　3．音高を表す名称　4．音階の度数を表す名称　5．音の機能を表す名称
　【5】音符・休符 ･･ 9
　　　　《参考》記譜法の変遷
　【6】拍子 ･･ 10
　　　　1．単純拍子　2．複合拍子　3．混合拍子・変拍子
　【7】連符 ･･ 11
　【8】連桁のつなぎ方 ･･ 12
　　　　1．二拍子系　2．三拍子系　3．四拍子系
　【9】変化記号 ･･ 13
　　　　1．調号の順番　2．変化記号の効力
　【10】倍音と比率 ･･･ 14
　　　　1．倍音列　2．比率
　【11】移調楽器 ･･･ 15
　　　　《参考》移調楽器一覧 ････････････････････････････････ 16
　　Lesson 1 ･･ 17

第2章　音程・転回音程 ･････････････････････････････････････ 20
　【1】音程分類
　　　　1．完全音程グループ　2．長・短音程グループ
　【2】単音程と複音程
　【3】幹音の音程 ･･ 21
　【4】転回音程
　【5】異名同音音程 ･･ 22
　　　　異名同音音程表
　【6】協和音程と不協和音程 ･･････････････････････････････････ 23
　　Lesson 2 ･･ 24

第3章　音階 ･･･ 28
　【1】基本音階
　　　　1．自然長音階　2．自然短音階　3．和声短音階　4．和声長音階
　　　　5．旋律短音階　6．旋律長音階
　【2】邦楽の音階　律・呂・陽・陰 ･･･････････････････････････ 29
　【3】教会旋法 ･･ 30
　【4】民族音階その他
　　　　1．スコットランド音階　2．ハンガリー短音階　3．琉球音階　4．全音音階
　【5】半音階 ･･ 31
　　　　1．半音音階記譜法　2．長音階の半音階記譜法　3．短音階の半音階記譜法
　　　★平行調・同主調の半音階関係
　　Lesson 3 ･･ 33

第4章　調号と調関係 ･･･････････････････････････････････････ 35
　【1】五度圏
　【2】近親調
　　　　《参考》三和音の種類について ･･･････････････････････ 36
　【3】調号 ･･ 37
　　　　調号表 ･･ 38
　【4】音群と所属調 ･･ 39
　　　　音群と所属調のポイント
　　Lesson 4 ･･ 40

第5章　和音 ･･･ 43
　【1】三和音の種類
　【2】音階と固有和音 ･･ 44
　【3】四和音 ･･ 46
　　　　和音と所属調の見方 ････････････････････････････････････ 47

【4】配置と和音記号・・・ 48
   1．原型和音　2．和音の転回形と記号
Lesson 5・・ 49

第6章　調性判定・・・ 53
【1】音階固有音と臨時音
   1．音階固有音　2．臨時に用いられる音〔臨時音〕
  ★キーポイント　増1度の関係にある2音の判別
  ★キーポイント　音階固有音と臨時音の進行
  ★キーポイント　臨時音の増1度進行
【2】調性判定の手順・・ 56
   1．臨時音の動きをする音に？印を付ける　2．？音の判別
【3】調性を決定する音・・ 57
   1．V_7-I（完全終止）の連結に含まれる音群
   2．長調・短調を決定する音〔性格決定音〕
  ★キーポイント　短調の特徴的な進行について・・・・・・・・・・・・・・・・・・・ 58
【4】転調・・・ 59
【5】多声体楽曲の調判定［1］和声的楽曲・・・・・・・・・・・・・・・・・・・・・・・・・・・ 60
   1．最低音（Bass声部）から判定する
   2．V_7-I の連結を探す・・・・・・・・・・・・・・・・・・・・・・・・・・・・・・・・・・・・・ 61
【6】多声体楽曲の調判定［2］対位法的楽曲・・・・・・・・・・・・・・・・・・・・・・・・・ 62
   1．旋律の音程要素
   2．楽曲の骨格化（要約）
【7】転調の種類・・・ 64
  《参考》旋律の中の強進行・・・・・・・・・・・・・・・・・・・・・・・・・・・・・・・・・・・・ 65
  《参考》和音連結の中の強進行・・・・・・・・・・・・・・・・・・・・・・・・・・・・・・・ 66
Lesson 6・・・ 69

第7章　移調・・・ 86
【1】調号、臨時記号の効力について
【2】移調の分類
   1．与えられた元の楽曲の中の臨時音に↑↓印を付ける
   2．原曲に付けられた記号は全て写す・・・・・・・・・・・・・・・・・・・・・・・・ 87
   A 1．臨時記号を用いた楽曲を臨時記号を用いて移調する
   A 2．臨時記号を用いた楽曲を調号を用いて移調する・・・・・・・・・・・・ 88
   B 1．調号を用いた楽曲を臨時記号を用いて移調する・・・・・・・・・・・・ 89
   B 2．調号を用いた楽曲を調号を用いて移調する・・・・・・・・・・・・・・・・ 90
【3】移旋・・ 91
Lesson 7・・ 93

第8章　楽語・記号・・・ 96
【1】演奏記号
   1．繰り返し記号　2．装飾記号等　3．省略記号　4．L'istesso tempo
   5．演奏時間の算出法　6．拍子・リズムとアクセント　7．音楽用語
  楽語一覧（アルファベット順）・・・・・・・・・・・・・・・・・・・・・・・・・・・・・・・ 106
Lesson 8・・ 110

参考・・ 113
  ◆舞曲の拍子・リズム
   アルマンド　フォルラーヌ　クーラント　サラバンド　ガボットとミュゼット
   メヌエット　ブーレー　パスピエ　ポロネーズ　ジーグ
  ◆音律について・・ 116
   ピュタゴラス音律　純正律　中全音律　不均等律　平均律　全音比較表
   5度重積比較譜例　半音幅比較表
  ◆音階について・・ 120
   音階の構成と分類　テトラコード　非和声音の種類　非和声音・臨時音の遅延解決
  ◆増三和音・減七の和音の異名同音変換について・・・・・・・・・・・・・・・・ 126
  ◆半音階の厳格書法・・・・・・・・・・・・・・・・・・・・・・・・・・・・・・・・・・・・・・・ 128

2018年度 入試問題集 目次

	問題	解答
愛知県立芸術大学	130	190
愛知県立芸術大学【推薦】	134	192
大阪音楽大学	137	193
沖縄県立芸術大学	142	195
沖縄県立芸術大学【推薦】	145	196
京都市立芸術大学	147	198
国立音楽大学	151	200
昭和音楽大学	156	202
洗足学園音楽大学	159	204
東京音楽大学	162	205
東京学芸大学【前期】	165	207
東京学芸大学【後期】	167	208
東京藝術大学	169	209
武蔵野音楽大学	174	212
東京藝術大学音楽学部附属音楽高等学校	178	214
東京藝術大学大学院	184	217

コラム

管楽器豆知識	16
✕ ♭と半音階	32
通奏低音から派生した数字記号	48
コンデンススコア	92

音大・音高受験生のための

楽　　典
THEORY & LESSON

第1章 THEORY 楽譜の基本

【1】五線・加線の名称

五線は下から第1線、第2線～第5線と呼び、線と線の間は下から第1間～第4間と呼びます。五線だけで表せない高さの音には加線を用います。五線の上方は、上第1間、上第1線、上第2間、上第2線、下方は下第1間、下第1線、下第2間、下第2線と呼びます。加線は五線と等しい間隔で記します。

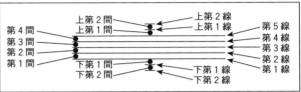

【2】音部記号

幅広い音域を五線で表すために、いくつかの音部記号を用います。中でもト音記号とヘ音記号は常に用いられ、読み慣れた記号ですが、楽典ではハ音記号も同様にひんぱんに用いられますので正確に覚えましょう。

　　　ト音記号はGの装飾文字で、書き始めの円形の中心がト音（G）になります。

　　　ヘ音記号はFの装飾文字で、2つの点の間がヘ音（F）になります。

　　　ハ音記号はCの装飾文字で、文字の中心がハ音（C）になります。

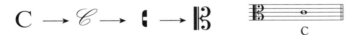

それぞれの音部記号は、五線のどの位置に記されるかによって音高と、その名称が変わります。ト音記号は、第2線を一点ト音とする高音部記号だけですが、ヘ音記号とハ音記号にはいくつかの用法と名称があります。
各音部記号の絶対的な音の高さ（以降、絶対音高と呼ぶ）は以下の通りです。
各音部記号と、一点ハ音（ピアノの中央のド）を記します。

高音部譜表　　　ソプラノ譜表　　メゾソプラノ譜表　　アルト譜表　　テノール譜表　　バリトン譜表　　低音部譜表
（ヴァイオリン譜表）　　　（バス譜表）

【3】音符の部分名称

音符は音の高さを示すための符頭、そして音の長さを表す符尾と符鉤・連桁によって形成されます。見やすい楽譜の条件は、「位置が明確な大きく丸い符頭、適度な長さ（1オクターブ程度）の符尾、符尾に正しく接した符鉤・連桁」です。読みにくい楽譜は受験では減点の対象となりますので注意しましょう。

【4】音名と階名

楽典では、音に対して様々な名称を与えています。名称を大きく分けると、音高に対するものと、音階における音の名称の2つがあります。

1．音名

音名は、国際標準音高440Hz･･･一点イ音･･･を出発音として命名されています。
幹音・・・臨時記号を伴わない音。ハ長調の音階音でピアノの白鍵の音。
派生音・・調号・臨時記号により変化された音。
英語は、幹音（A,B,C〜G）に sharp, double sharp, flat, double flat を続けて記します。
　　※注1　口音の独語は「H」、英語は「B」です。間違えやすいので注意しましょう。
　　※注2　重変口音のドイツ音名にはBBの他、「ドッペル・ベー」の読み方もあります。

2．階名

階名はピッチに関係なく、調の主音から順次連なる音を「ドレミファ…」のように示す呼び名です。
ハ長調の階名は中心音からド・レ・ミ・ファ・ソ・ラ・シの順になっていますが、音名も同様です。
これを「音階名」と呼びます。これに対して、ト長調では、階名は中心音からド・レ・ミ・ファ・ソ・ラ・シですが、音名は、ソ・ラ・シ・ド・レ・ミ・ファであり、音名と階名が一致しません。通常、階名は移動ド、音名は固定ドで読みます。

3．音高を表す名称

絶対音高を表す名称では、ひらがなとカタカナ、大文字と小文字に点や数字を加えて音高を区別します。
日本語の表記には、上記の他「一点ハ音」「は音」「下一点は音」のように記すこともあります。
　　※ピアノの中央の「ド」は「一点ハ音」、国際標準音高（440Hz）は一点イ音です。

4．音階の度数を表す名称

音階における音名は、各音階の出発音を第Ⅰ度音（第Ⅰ音）とし、順に第Ⅱ度音、第Ⅲ度音、第Ⅳ度音、第Ⅴ度音、第Ⅵ度音、第Ⅶ度音と呼びます。

※注　「度」は省略しても構いません。またアラビア数字（第1音、第2音…）でも結構です。入試では、解答例に従って答えること。

5．音の機能を表す名称

音階中の音名で、音それぞれの機能を表す名称があります。これは、音階の出発音を中心に置いたときの名称です。
　　※注　（上）中音と下中音は非常に間違いが多いので注意しましょう。
　　　　　「第Ⅲ度音＝中音」「第Ⅵ度音＝下中音」

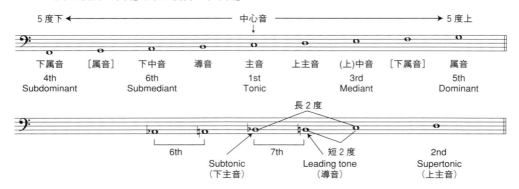

上記譜例は、主音を中央に置き、完全5度下から完全5度上の音までを対照的に配置したものです。この表記では下中音と中音の位置が明確になりますが、下の譜例のように主音から始まる音階にすると、中音が下中音よりも下に位置するので間違い易くなります。

長調と短調の違いは、中音（メディアント）のみであり、その他の音は共通して用いられます。

【5】音符・休符

　基本的な音符には、全音符、二分音符、四分音符があります。八分音符以下の短音価は符鉤（ふこう）を加えて表します。また、全音符2個分の長さの二全音符も覚えておきましょう。
　符点を加えると基準音価にその半分の音価を足した長さになり、複符点は、基準音価に $\frac{3}{4}$ の音価を足した長さになります。

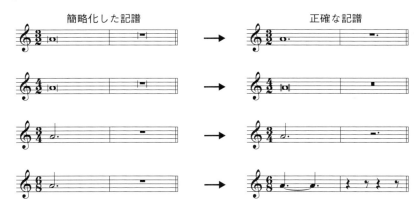

　実際の楽譜では休符を簡略化して記す場合があります。例えば拍子に関係なく1小節間の休符に全休符を用いることがあります。見た瞬間に1小節間の休みを把握できるという点では合理的です。しかし、楽典では正しく正確な記譜を心掛けてください。

《参考》記譜法の変遷

　現在私達が利用している五線記譜法は16〜17世紀頃生み出されたものです。それ以前は定量記譜法、その前はネウマ譜…古代まで遡ると文字によるメモ書き程度の楽譜になってしまうでしょう。左譜例は声明、下譜例は二声オルガヌムの初期ネウマ譜です。線と記号による記譜方法のみならず形までそっくりだと思いませんか？西洋音楽ではこの後、ポリフォニー音楽の発展による定量記譜法の考案から、拍節を持つ小節単位の音楽の記譜法へと変化します。

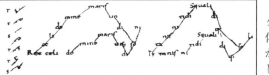

　一方、邦楽は各楽器ごとに奏法を示すタブラチュア譜へと変化します。音楽全体としての楽譜が生み出されなかった点が邦楽を難しく感じさせる原因になってしまったのかも…。

【6】拍子

拍子には単純拍子、複合拍子と混合拍子、変拍子があります。

1．単純拍子

一拍子から発生した**二拍子**と**三拍子**、そして二拍子系の舞曲から発生した**四拍子**も単純拍子に分類されます。
基準となる音価によって、二分の〜拍子、四分の〜拍子、八分の〜拍子 etc.と呼ばれます。
＜例＞

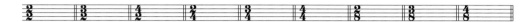

2．複合拍子

単純拍子のアクセントを継承していることから、二拍子系、三拍子系、四拍子系に分類されます。
（　）内は主な拍子例です。
二拍子系→六拍子（6/8, 6/4, 6/2拍子）、三拍子系→九拍子（9/8拍子）、四拍子系→十二拍子（12/8拍子）
＜例＞

3．混合拍子・変拍子

単純拍子のアクセントとは異なる拍節を持ち、多くの場合、偶数拍子と奇数拍子の組み合わせによるアクセントを持ちます。
※**全拍に強拍を持つ拍子や、音価の異なる拍子を挿入するものもあり、これらを特殊拍子と呼び、区別する事もあります。**

混合拍子の中で多く見られるものに、**五拍子、七拍子、十一拍子**があります。このほか八拍子や十拍子も混合拍子に属します。基本音価の異なる拍子との組み合わせを「特殊拍子」として分類することもあります。
変拍子は、複数の拍子を組み合わせてフレーズを形成するものを指し、混合拍子や挿入的に用いられる**1拍子**も変拍子に含まれます。
＜例＞

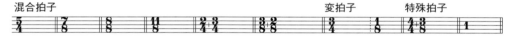

【7】連符

　各音価を分割するとき、単純に割り切れない連符は、数字を付けて表す。単純音符と付点音符での連符の表記方法および5連符以上の表記方法は混乱しやすいので注意すること。
　基本的に割り切れる音価から、次に割り切れる音価までの途中の連符は、前の割り切れる音価と同じ音価を用いる。
　例えば、全音符の場合、2分割（連符）は二分音符2個で等分でき、次に続く3連符は、直前の割り切れる音価である二分音符を用いる。5連符から7連符までは、**直前の等分音価**である四分音符を用いる。

$$x \leq n \leq 2x-1 \rightarrow 基本音価 \div x = 連符の音価$$　n は連符の数値

Xは基本音価を等分できる数。X＝1となるのは付点音価の2連符だけ。

$$X = \begin{cases} 単純音価（全音符・二分音符・四分音符・八分音符 etc.） \rightarrow 2・4・8・16・32・64\cdots \\ 付点音価 \rightarrow 1・3・6・12・24・48\cdots \end{cases}$$

＜例1＞ ♩の11連符

①基本的に♩は11等分できないので、**11よりも小さな数で等分できる一番近い数**を考える。
②♩は付点の付かない音符（単純音価）なので、2、4、8…の8が当てはまる。
③♩を8等分する音価は♪なので次のように記す。

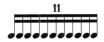

①～③を上記の公式にあてはめると、
8＜11＜15（＝8×2－1）
X＝8　　※8～15連符までは同じ音価を用いる。

11連符は、8連符より大きく、8連符の2倍から1を引いた15よりも小さい整数である。
ゆえに、連符の基本音価は♩÷8連符＝十六分音符である。

＜例2＞ ♩.の18連符

①♩.は18等分できないので、18よりも小さな数で等分できる一番近い数を考える。
②♩.は付点音符（付点音価）なので、1、3、6、12…の12が当てはまる。
③♩.は12等分する音価は♪なので次のように記す。

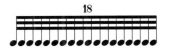

①～③を公式にあてはめると、
12＜18＜23（＝12×2－1）
X＝12　　※12～23連符までは同じ音価を用いる。

18連符は、12連符より大きく、12連符の2倍から1を引いた23よりも小さい整数である。
ゆえに、連符の基本音価は♩.÷12連符＝三十二分音符である。

偶数連符　♩.＝♩♩ , ♪＝♬　符点を省いて連符数字を記す。

①単純拍子：タイを用いて記す。

②複合拍子：付点音価で分割あるいは、その付点音価の付点を省いて数字を記す。

【8】連桁のつなぎ方

　楽譜を書くとき、連桁のつなぎ方に注意しないと大変読みづらい譜面になってしまいます。連桁は、楽曲の拍子によってつなぎ方が変わる事を覚えておきましょう。次のリズムが、各拍子によってどのように連桁のつなぎ方が変わるか見てみましょう（下記の例以外の書き方もありますが、最初はもっともシンプルな書き方を覚えましょう）。

リズム例  ※注 最後の拍が足りない場合は休符を加えています。

1．二拍子系（二拍子、六拍子）

　1小節を2分割するのが基本です。
　リズム例の記譜は次のようになります。

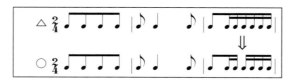

　二拍子が一拍子から発展した拍子であることから、小節内の全ての音をつなぐこともあります。しかし、次のようなつなぎ方は、複雑なリズムでは避けましょう。

2．三拍子系（三拍子、九拍子）

　1小節を3分割するのが基本です。
　リズム例の記譜は次のようになります。

　三拍子も一拍子から発展した拍子ですから、小節内の全ての音をつなぐこともあります。この場合も複雑なリズムは避けましょう。

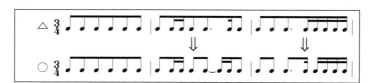

3．四拍子系（四拍子、十二拍子）

　二拍子から発展した拍子ですから、
1小節を2分割するのが基本です。短い音価（基準音価の1/4以下の音価）を含むときは1小節を4分割します。
　リズム例の記譜は次のようになります。

　以上が基本的な連桁のつなぎ方です。実際の楽曲ではフレーズの区切りを表すために、もっと複雑なつなぎ方をすることもあります（シラブル〈歌詞〉を伴う時はシラブルにあわせて区切ります）。

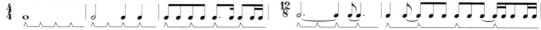

【9】変化記号

1．調号の順番

ハ音記号に調号をつけるとき、ト音記号やヘ音記号と上下の向きが異なる譜表があります。以下の譜例以外の書き方もありますが、なるべく見易い楽譜になるよう以下の例を参考にしてください。

2．変化記号の効力

臨時記号で用いられるシャープ、ダブルシャープ、フラット、ダブルフラットによって変化された音や調号の変化記号を幹音に戻すナチュラル（本位記号）は同一小節内の同じ高さの音だけに有効で、オクターブ異なる高さの音には無効です。調号で用いられるシャープ、フラットによって変化された音は、全小節の総ての高さの音に対して有効です。

タイによって延長された音は、直前の音と同一の高さになります。

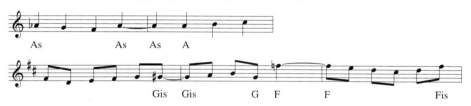

本位記号は変化記号（臨時記号、調号）によって変化された音を幹音に戻す記号です。調号上の変化音に付けられる本位記号の効力は、臨時記号と同じです。

本位記号を二重に付けるのは古い記譜法です。以下の楽譜の中で○印は現在の記譜法で、△印は古い記譜法です。×印のようにナチュラルを重ねる書き方は避けましょう。

【10】倍音と比率

1．倍音列

　基音の振動数に対して整数倍の振動数の関係にある音群を倍音と呼びます。ある高さの音を発音したときに、共鳴する音が倍音です（ここで学習する倍音列は現在ピアノ等の調律に用いる平均律とは異なります）。
　倍音は第12倍音まで正確に覚えましょう。第7倍音と第11倍音を把握しておけば基音をかえても正確に記すことができます。

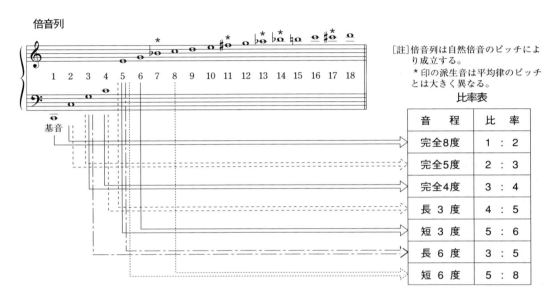

［註］倍音列は自然倍音のピッチにより成立する。
　　　＊印の派生音は平均律のピッチとは大きく異なる。

比率表

音　程	比　率
完全8度	1：2
完全5度	2：3
完全4度	3：4
長3度	4：5
短3度	5：6
長6度	3：5
短6度	5：8

2．比率

　各倍音に付された数字は比率を算出するときに必要な数値です。
　純正律の倍音では、長・短2、3、6、7度等の比率が複数存在するため、比率は倍音列の左側（低音）から求めます。例えば、長3度には4：5［C-E］と7：9［B-D］、9：11［D-Fis］があります。この場合は、低い音の方から成立する4：5を長3度の比率とします。転回音程の比率は、左右の数値を入換えて右側の数値を2倍にします。

　〔例〕完全4度の比率を答えなさい。
　倍音列の左側から完全4度を形成する2音を探します。第3倍音と第4倍音が完全4度になっていますね。該当する倍音の数字が比率の数値です。
　〔答え　比率3：4〕
　単純な音程の比率は、右上の表を暗記しておきましょう（表以外の比率は倍音列を覚えておけば答えられます）。

【11】移調楽器

　鍵盤楽器や弦楽器等は譜面の音と実際に響く音の高さは同じですが、実用音域の狭い管楽器等では譜面の音と実際に響く音の高さが異なるものがあります。このように譜面の音と実際に響く音の高さが異なる楽器を移調楽器と呼びます。移調の種類も、B♭管、E♭管、A管、G管、D管、F管等があります（移調管名は英語表記）。

　移調楽器は記譜音（パート譜・スコア）に対して、B♭管楽器は長２度下（あるいは長９度下）、E♭管楽器は短３度上（あるいは長６度下）の音が響きます。
　実際に演奏したい高さの音（実音）に対して、各移調楽器のパート譜がどのような調で記譜されるのかベートーヴェンの交響曲第５番の冒頭を例に見てみましょう。Original（原調）はハ短調です。
　このメロディーをハ短調の高さで演奏するためには、各移調楽器のパート譜はそれぞれ次のような移調譜になります。

　移調楽器の実音と記譜音は、B♭管なら長２度（あるいは長９度etc.）、F管なら完全５度の関係にあります。実音と記譜音のどちらを基本として考えるのかをしっかり把握しましょう。
- ●記譜音から実音を導くとき・・・B♭管は長２度下が実音、F管は完全５度下が実音。
- ●実音から記譜音を導くとき・・・B♭管は長２度上が記譜音、F管は完全５度上が記譜音。

　楽譜の面からだけ見ると、移調楽器・移調譜は難しさだけが目立ってしまいますが、演奏者にとってはとても便利なものです。演奏する音域によって管の長さが異なる楽器に持ち替えるだけで、楽に音を出せるのです。
　楽譜の１オクターヴ上の音が響くピッコロや、１オクターヴ下の音が響くコントラバスも移調楽器です。
　邦楽器の場合、篳篥や笙などを除いてほぼ全ての管楽器が移調楽器と言えるでしょう。
　尺八は、一尺八寸管の基音が壱越（１点ニ音）…邦楽では壱越が基本音…であることから"尺八"と呼ばれています。この楽器は一尺三寸から二尺三寸まで様々な長さの管があり、一寸が半音の違いになります。三曲合奏等で平調（E音）の曲を演奏する時に一尺六寸管を用いたりします。
　篠笛も最も低い管である「一本」から「二本」「三本」と半音ごとに高くなります。通常は五本から八本の高さの篠笛を使用します。
　箏の調弦を五線で表すときは通常「一の弦」を１点ホ音で記しますが、本来の音高はホ音ではなく短３度上の１点ト音であったりするので、厳密には箏も移調譜と言えるでしょう。

《参考》移調楽器一覧

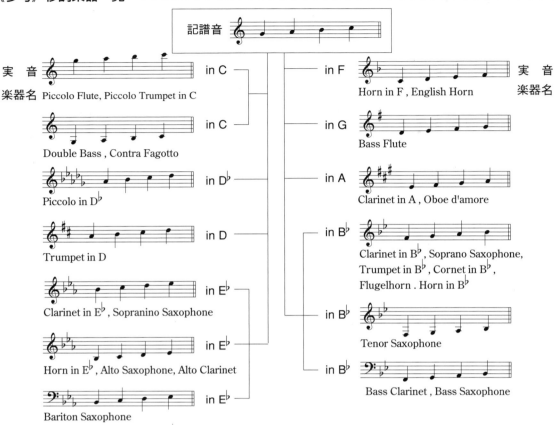

コラム　管楽器豆知識

ホルンは金管楽器？　それとも木管楽器？

入試でも度々出題されている問題です。現在のホルンは金属製の楽器で、奏でる音響はアルプスの山々を彷彿とさせるまろやかで柔和な音から力強い轟音まで様々な音色が可能です。さて、このホルン、管をぐるぐると巻いて子供でも持てるサイズになっています。金属ならではの加工ですね。その昔、金属製ホルンが誕生する以前は動物の角や所によっては法螺貝を利用していたようです。つまり、金属楽器になる前から存在したことになります。また、柔和な音色はオーボエやクラリネット、フルートと融合します。このため管弦楽や木管五重奏等では木管楽器として扱います。吹奏楽では逆に金管楽器として扱います。…っと言うことは、ホルンは木管楽器でもあり金管楽器でもあるわけです。しかし、楽典では木管楽器ということになっています。なお、ホルンのパート譜の古い記譜法は少しやっかいです。低音部は4度低く記し、中音域以上は5度高く記します。

Lesson 1

Lesson 1-1
点線イロハニホヘトのドイツ音名と日本音名をオクターブ区分を用いて答えなさい。

イ（　　）[　　　　] ロ（　　）[　　　　] ハ（　　）[　　　　] ニ（　　）[　　　　]
ホ（　　）[　　　　] ヘ（　　）[　　　　] ト（　　）[　　　　]

音名の問題です。オクターブ区分とは音高による名称を指します。ドイツ語では音名の右上、右下に数字を用いて表し、日本語ではカタカナ、ひらがなの音名の上下に「・」を加えて表します（「3．音高を表す名称」）。なお、日本語による答え方には、「一点ハ音、下二点は音」のような答え方もあります。

Lesson 1-2
次の楽譜には誤りがあります。正しく書き直しなさい。

この楽譜には7つの間違いがあります。連符の表記、四分の六拍子の書式、そして拍子と調号の位置です。

Lesson 1-3
次の各音が指定された音となるよう、臨時記号を記入しなさい。

1音符ごとの臨時記号の付け方は簡単ですが、タイで小節を越えて延長された音符に対する変化記号の付け方には2通りあります。

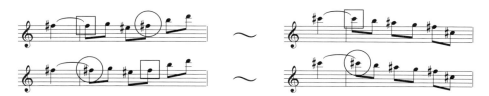

譜例中、上側の□は前の小節の臨時記号が有効なのでここでは記号を省き、次に同じ音が出る所で臨時記号を付けています。下側の譜例の○はタイで延長された音にも再び臨時記号を付けています。そのため、同一小節内の同音符□には記号を付けません。この2通りの記譜はどちらも正しい書法です。聴音などでは下側の書き方が間違いを防ぐのに適しています。どちらの書き方もマスターしておきましょう。

なお、臨時記号を用いた小節の次の小節の同じ高さの音までは、本位記号あるいは調号に含まれる派生音の変化記号を付けるようにしましょう。ただし、段が変わったら必要ありません。

Lesson 1-4

を基音（第1倍音）とする倍音列の第5倍音と第7倍音の音名を日本語で答えなさい。

（　　　　　　　　　）

倍音は、は音を基音とする倍音列を正確に覚えておくと簡単に答えることができます。
この問題では倍音列の最初の音が変ほ音ですから、は音を基音とする倍音列を短3度高く書き直す必要があります。

このように倍音列を移調しておくと、簡単に答えられますね。

Lesson 1-5

下記の楽曲はBrahmsのSonate für Klarinette und Klavier Op.120 No.2の冒頭です。クラリネットは移調楽器ですが、どんな高さの移調楽器であるか次の中から選びなさい。

（　　）　［1．B♭管　2．F管　3．E♭管　4．A管　5．D管］

ピアノは実音楽器ですから、この曲は変ホ長調であることが分かります。クラリネットのパートはヘ長調で記されています。記譜音と実音は長2度の違いがあります。記譜音をハ音とすると、実音は長2度下の変ロ音になります。

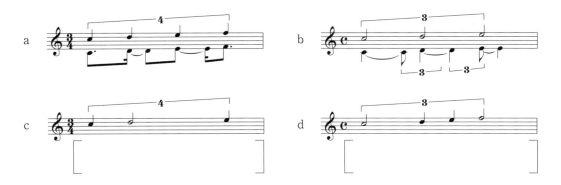

Lesson 1-6

次の譜例aとbにオクターヴで書かれた音価の関係を参考にして、解答欄のcとdの［　　］の部分に当てはまる音符（音価）を書きなさい。（東京藝術大学）

 模 範 解 答

Lesson 1-1

イ b 変ロ　　ロ es² 変ホ　　ハ d¹ ニ　　ニ b¹ 変ロ　　ホ f¹ ヘ
ヘ h¹ ロ　　ト cis² 嬰ハ

Lesson 1-2

Lesson 1-3　※どちらの書き方でも良い

※このナチュラルは付けた方が良いでしょう。

Lesson 1-4

第5倍音（一点ト音）　第7倍音（二点変ニ音）

Lesson 1-5

（B♭管）音程の応用です。間違えた人は、「【11】移調楽器」をもう一度読みましょう（下は実音楽譜）。

Lesson 1-6

3拍を4分割、4拍を3分割するときは、
［最小公倍数＝12］　を求めます。
1小節を12等分する音価を基準音価として、タイを用いて音を結び、最後に各拍子の正しい記譜書式にします。

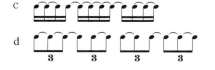

第2章 THEORY 音程・転回音程

【1】音程分類

音程は、完全音程グループと長・短音程グループに分けることができます。

1．完全音程グループ
［完全1度、完全4度、完全5度、完全8度］

2．長・短音程グループ
［短2度、長2度、短3度、長3度、短6度、長6度、短7度、長7度］

上記の2つのグループは、音程を狭めたり、広げたりすることにより、減音程、重減音程、増音程、重増音程に変化します。これを図にすると、右記のようになります。

完全グループの音程（1度、4度、5度、8度）は、どのように音程を変化させても絶対に長・短音程にはなりません。

同様に長・短音程グループ（2度、3度、6度、7度）は完全音程にはなりません。

【2】単音程と複音程

音程でもう一つ覚えておかなければならないことは、単音程と複音程です。

単音程は、完全1度から完全8度までを指します。増8度、重増7度は複音程であることと、減1度、重減1度、重減2度という音程は存在しないことに注意しましょう。

次に単音程の表を掲載します（×部分は単音程には存在しない音程です）。

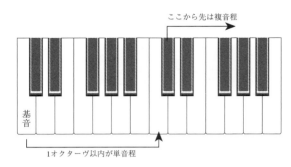

音程名＼度数	1度	2度	3度	4度	5度	6度	7度	8度
重減	×	×	○	○	○	○	○	○
減	×	○	○	○	○	○	○	○
短	×	○	○	×	×	○	○	×
長	×	○	○	×	×	○	○	×
完全	○	×	×	○	○	×	×	○
増	○	○	○	○	○	○	○	×
重増	○	○	○	○	○	○	×	×

複音程は、増8度、短9度以上の音程を指します。

複音程は長10度、完全12度のように絶対度数を用いる方法と、1オクターヴと短7度、3オクターヴと減4度のように簡潔に答える方法があります。短時間に正確に答えるためには、後者の○オクターブと○○度を用いるとよいでしょう。

【3】幹音の音程

さて、次に音程問題を早く正確に解答するための基礎力を身に付けます。最初にハ長調の音階音の２音の組み合わせによる全ての音程を覚えます。見た瞬間に音程を答えられるようになるまで繰り返しトレーニングを続けてください。

臨時記号が付いていても、幹音の音程を暗記していればすぐに解答できます。

では、次の音程について考えてみましょう。

1．最初に臨時記号を省いた音程を出します。→減５度　　2．上方の音を記号通りに半音上げた音程→完全５度

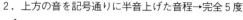

3．さらに下方の音を記号通りに半音下げた音程→増５度

この一連の作業を瞬間的にできるまで多くの問題を実施しましょう。

【4】転回音程

転回音程や和音の転回形等の「転回」とは、下方の音を１オクターブ上に移動することを意味します。
１オクターブしか移動できないので増８度・短９度以上の複音程は転回できません。

正しい転回　　　　　　　　　　　　　　　　　　　　　　転回不可能（複音程）

転回の公式

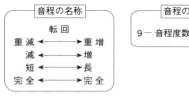

ある音程を転回すると、音程の名称は、左記の音程の名称表のようになります。

音程度数は、「９－音程度数」で算出できます。

〈例〉重増２度の転回音程は・・・

音程名は、**重減←→重増**ですから重減に、音程度数は、９-２=７ですから、答えは重減７度になります。

【5】異名同音音程

嬰ハ音と変ニ音は全く同じ高さの響きをもつ音です。しかし、理論上は別々の音として解釈されます。異名同音とは、このように記譜上は異なるが響きは全く同じ音であるものを指します。

音程や和音等でも異名同音を用いた問題が出題されます。右の楽譜は、E-Hの完全５度とE-Cesの減６度がピアノの鍵盤上では全く同じ２音であることを表しています。同様に完全１度から完全８度までの音程の異名同音音程の表を次頁に掲載します。

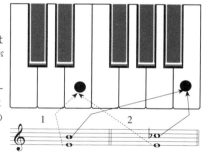

異名同音音程表

完全1度　＝　減2度

増1度　＝　短2度　＝　重減3度

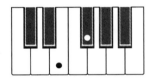 
重増1度　＝　長2度　＝　減3度

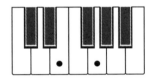 
増2度　＝　短3度　＝　重減4度

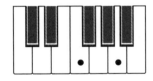 
重増2度　＝　長3度　＝　減4度

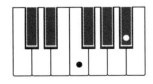 
増3度　＝　完全4度　＝　重減5度

重増3度　＝　増4度　＝　減5度　＝　重減6度

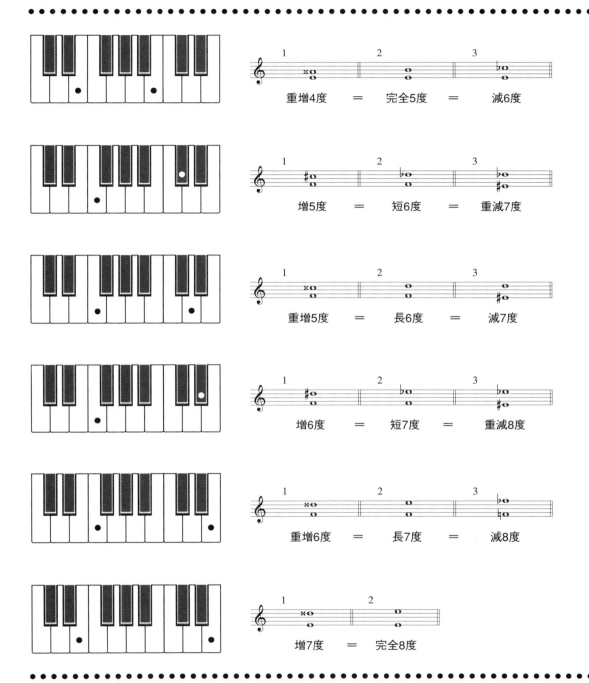

【6】協和音程と不協和音程

　2つの音の組み合わせによる響きには、柔らかく融合した響きをもつものと、鋭く緊張感の高い響きがあります。これらを完全協和音程と不完全協和音程、そして不協和音程の3種類に分類します。
　　1．完全協和音程 ------------：完全1度、完全4度、完全5度、完全8度　※注1
　　2．不完全協和音程 ----------：短3度、長3度、短6度、長6度　※注1
　　3．不協和音程 --------------：短2度、長2度、短7度、長7度、及び全ての減・増音程
　　※注1　異名同音音程の中で、協和音程と同じ響きになるものであっても重減・減・増・重増音程は全て不協和音程の扱いになります。

Lesson 2

Lesson 2 - 1
次に記した音符の音程を答えよ。（東京芸術大学）

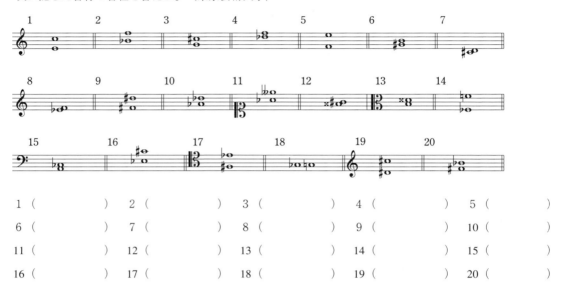

1 (	)	2 (	)	3 (	)	4 (	)	5 (	)
6 (	)	7 (	)	8 (	)	9 (	)	10 (	)
11 (	)	12 (	)	13 (	)	14 (	)	15 (	)
16 (	)	17 (	)	18 (	)	19 (	)	20 (	)

Lesson 2 - 2
次の2音間の音程の転回音程を答えなさい。ただし、転回できないものについては×印を記入すること。

1 (　　)
2 (　　)
3 (　　)
4 (　　)

　上段の音符の方が下段の音符よりも高い・・・という固定観念は捨てましょう。この問題はハ音記号の絶対音高をしっかり捉えていないと全滅です。

Lesson 2 - 3
次に示されたイ～ホの2音間の転回音程名を記しなさい。

(　　)　(　　)　(　　)　(　　)　(　　)

Lesson 2 - 4

A段とB段、B段とC段の音程が等しくなるよう、B段に全音符を記入しなさい。

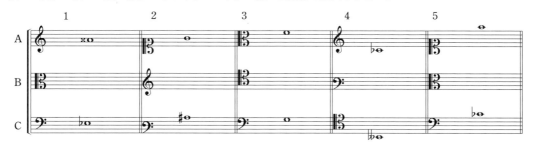

音程を等分する問題です。一音ずつ音をずらしながら考えるのは時間がかかってしまいます。下記の譜例は、同一音程を重ねたときの音程表です。外声（上声と下声）の音程度数に、1を足して、2で割ると内声（中段）の音程度数が導き出されます。音程名称も公式化しましたが、実際には度数が分かった段階で♯、♭等で幅を加減して探す方法が簡単ですね。なお、上記の問題にはバリトン記号が含まれることに注意しましょう。

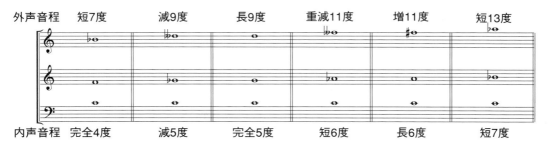

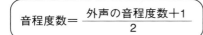

$$音程度数 = \frac{外声の音程度数＋1}{2}$$

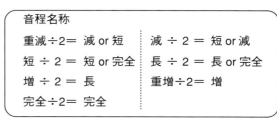

音程名称
重減÷2＝ 減 or 短　　減 ÷2＝ 短 or 減
短 ÷2＝ 短 or 完全　　長 ÷2＝ 長 or 完全
増 ÷2＝ 長　　　　　　重増÷2＝ 増
完全÷2＝ 完全

Lesson 2 - 5 （武蔵野音楽大学）

下記のイ～ヘについて、1.高音部譜表、2.アルト譜表、3.テノール譜表、4.低音部譜表で読んだときに、異なる種類の音程名になるものが、それぞれ一つだけある。その譜表の番号と音程名を例にならって解答欄に書きなさい。

大変難しく感じる問題ですが、指定された譜表上に一つ一つ書き写してしまえば通常の音程問題と同じです。頭の中で考えるだけでは全問正解は難しいですね。

Lesson 2 - 6

次のA群の音程の異名同音的音程をB群の中から選び出し、（ ）の中にその番号を書き入れなさい。（東京音楽大学）

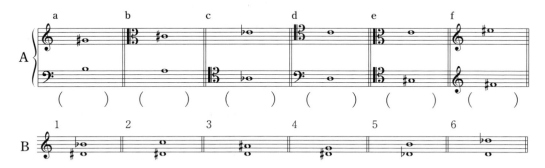

最初に、A群とB群の音程を出しておきましょう。異名同音音程のグループについては「異名同音音程表」を参照してください。

Lesson 2　模範解答

Lesson 2 - 1

1 (短6度)　2 (完全5度)　3 (増4度)　4 (長3度)　5 (長7度)
6 (短3度)　7 (短2度)　8 (長2度)　9 (長6度)　10 (完全4度)
11 (減5度)　12 (短2度)　13 (増3度)　14 (増8度)　15 (減3度)
16 (増6度)　17 (減7度)　18 (増1度)　19 (短7度)　20 (減4度)

Lesson 2 - 2

1 （長6度）　2 （完全4度）　3 （完全4度）　4 （×）

Lesson 2 - 3

イ（減7度）　ロ（長3度）　ハ（短2度）　ニ（増6度）　ホ（完全4度）

Lesson 2 - 4

Lesson 2 - 5

イ　4　完全5度
ロ　2　短7度
ハ　3　長2度
ニ　2　長6度
ホ　2　減4度
ヘ　1　長7度

Lesson 2 - 6

a（2）　b（4）　c（1）　d（5）　e（3）　f（6）

第3章 THEORY　音階

【1】基本音階

1.自然長音階

通常は、「長音階、全音階」と呼ばれる音階です。

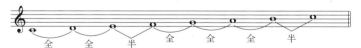

これは、小学生の頃から「全全半全全全半」あるいは「長長短長長長短」と教えられる音階です。

★主音と音階各音の音程をその響きと一緒に覚えること。

2.自然短音階

先に述べた（自然）長音階と構成音が全く同じ音階ですが、主音は短3度下の音になります。これも主音と各音の音程を覚えておきましょう。

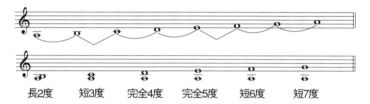

3.和声短音階

自然短音階とよく似た構成ですが、「導音」を持つ事に注意しましょう。

「導音」とは、「主音に導く音」の意味で、すぐ上の主音との距離が短2度になります。このため、導音の所に変化記号（シャープ・ナチュラル等）が必要になります。また、下中音（第6音）と導音の距離が増2度になる事が和声短音階の大きな特徴であることを覚えておきましょう。

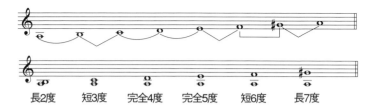

4.和声長音階

MollDurと呼ばれる音階で、自然長音階の下中音を半音下行変化させた音階です。入試でも出題されますからしっかり覚えておきましょう。

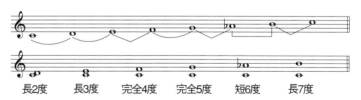

5.旋律短音階

和声短音階と同様に導音を持つ音階ですが、形態は全く異なります。和声短音階は下中音（第6音）と導音が増2度という歌いにくい音程ですが、旋律短音階では下中音も半音上行させることによって導音との距離が長2度になります。また、もう一つ重要な事は、上行形と下行形で使用する音が変化する事です。

6.旋律長音階

この音階は、旋律短音階と同じく、上行形と下行形が異なる音階です。**旋律短音階との違いは第Ⅲ度音（中音）だけ**です。なお、導音は主音との距離が短2度の場合の名称で、長2度の時は第Ⅶ度音と呼びます。

以上の6個が音階の基本です。

【2】邦楽の音階

律・呂・陽・陰

40年ほど前までは律旋法・呂旋法と呼ばれていましたが、音楽学者 小泉文夫氏や田辺尚雄氏の研究から旋法ではなく音階であるという結論に達し、現在では律音階・呂音階と呼ばれています。源流は唐にありますが、日本に伝わった後変化して下記のような音階になりました（音階構成音には異説が有ります）。

音階は前半後半が完全4度を取るようになっています（テトラコード）。これは日本の音階も例外ではないまずですが、呂音階のレ・ミ・ファ♯・ラ・シ・レだけは前半が完全4度ではなく長3度（レーファ♯）になってしまいます。よく見かける邦楽理論書ではファ♯の代わりにソを置いています。しかし、シからの配置に変えるとファ♯を含む音列もテトラコードの積み重ねになります（参考譜例）。

陰音階＝都節と陽音階＝田舎節の起源は雅楽の律音階とされていましたが、これもそう単純な話ではなさそうです。江戸期に栄えた音楽の源流の多くは声明にあるようですが、元々日本にあった音階の断片…音列も影響しているようです。

【3】教会旋法

※F＝中心音・フィナリス、♭はムジカフィクタ、正格旋法と変格旋法のフィナリスは等しい。
変格は単旋歌のみで、多声体楽曲にはない。変格の音階は正格の4度下に記す。

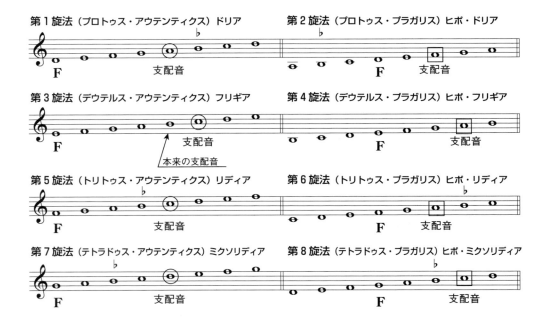

【4】民族音階その他

1．スコットランド音階
2．ハンガリー短音階
3．琉球音階
4．全音音階

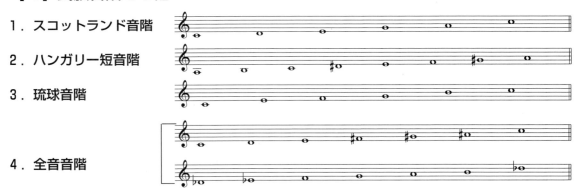

　長音階・短音階や教会旋法は1オクターブの中に第Ⅰ〜Ⅶ度音の7個の音が含まれますが、スコットランド音階、琉球音階は5個の音で構成されています。このような音階をペンタトニック（5音音階）と呼びます。邦楽の宮商角徴羽の音階もペンタトニックです。
　全音音階（Whole tone scale）のように6個の音で構成される音階をヘクサトニック（6音音階）と呼びます。
　民族音階には、上記の他にもたくさんの音階があります。また、近代、現代の作曲家たちにより多種多様な音階が編み出されています。

【5】半音階

1. 半音音階記譜法

　1オクターブを12等分した音階です。19世紀中期以降の作品では各々の作曲家が自己の作曲技法を基にして記譜しています。新ウィーン楽派のシェーンベルグ等が用いたドデカフォニー（12音技法）では、12個の半音を平等に扱い、完全に調性を破棄しています。一般的に上行形は♯、下行形は♭を用います。

2. 長音階の半音階記譜法

　長調の楽曲中に装飾的に用いられる半音階です。上行形では基本的に♯を用いますが、♯の次の固有音が、長三和音または短三和音の根音にならないときは、直前の変化音は♭を用います。

　下行形では、属音に♭は付けず、下属音に♯を付けて下行します。

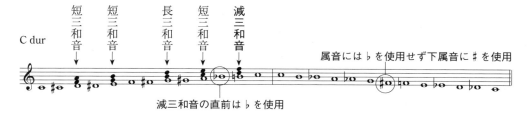

3. 短音階の半音階記譜法

　短調の楽曲中に装飾的に用いられる半音階です。基本的には音階固有音と半音変化した音で構成されますが、上行形において♯の次の音階固有音が、短三和音の根音にならないⅡは、直前の変化音は♭を用います。なお、上行、下行とも同主長調の半音階下行形と同じ音構成です。

　実際の楽曲では、長調・短調とも自由な記譜をすることがあります。特に非和声音の一種の刺繍音の場合、変化記号や本位記号を多用して見難くならないように記譜します。また、速いパッセージ等でも同様です。

★平行調・同主調の半音階関係

　平行調の半音階上行形、同主調の半音階下行形は、同じ音列を用います。平行調の半音階上行形は、出発音（主音）が異なるので、把握し難いと思いますが、a mollの半音階上行形をC音から見て行くと、C durの半音階上行形と全く同じ音である事が分かります。

　以上の通り長調・短調の半音階上・下行形の書式は定まっていますが、実際の楽曲では自由に半音を使うこともあります。ただし、半音階下行形の第5度音（C durの場合G音）は半音下行せずに、第4度音を半音上行（C durの場合F♯音）させる事は調性の明確な音楽では必ず守られます。

コラム　✕♭と半音階

楽譜の中に✕や♭があると滅入りますよね。しかも問題が調性判定だったりすると疲れが倍増。
そんな貴方に朗報！　実は✕や♭を含む調性判定は見た瞬間に判断できる方法があるのです。
通常調号7個までの調の中には♭を構成音として含む調はありません。
✕を含むのは短調だけで、3調あります（gis moll, dis moll, ais moll）。このページまで読み進め学習してこられた皆さんは、半音階の書き方をご存じですよね。調によって半音階下行形には♭が現れるのです。

＜例＞沖縄県立芸術大学
楽譜中A〜Iで示された各部分の調をドイツ語で答えなさい。

半音階花盛りのロマン派後期の作品です（リスト作曲ピアノソナタ）。Hの部分、考えれば考えるほど分からなくなってしまいます。しかし、右手の和音を形成する部分にEs－Eses－Desの半音階下行があります。Es－Eses－Desの半音階下行は、かなり限定された調でしか利用しません。これに気が付けばDes dur、Ges dur、Ces durの3調に絞り込むことができます。
　同じく右手の声部にCesがありますからDes durが無くなり、可能性は2調だけになります。さらに、Hの部分の最後の上声部にFがあります。これでCes durの可能性も消えました。
　この曲には物事を難しくする臨時音が多々見られます。Hの部分左手にGがありますが、同時に発音しているGes（上声部）もあります。このGは「半音階的上行倚音」という非和声音であり、調性内の音ではありません。
　それでは、上記楽曲に関連する半音階を示します。

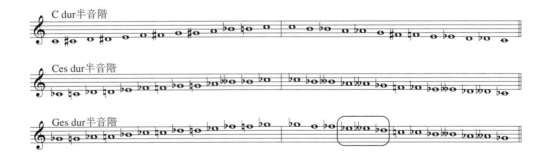

　♭系の調の半音階や和声長音階・旋律長音階では♮が出現します。♮が出た瞬間に♭系の調であることを把握することができます。半音階の書式を覚えておけば、瞬間的に調を判定することも夢ではありません。
　半音階・和声長音階・旋律長音階等、特殊な音階は何度もノートに書いて正確に覚えましょう。

Lesson 3

Lesson 3 - 1

主音から1オクターブ上の主音までの長音階に基づき、指定された2音間の音程を答えなさい。
1.主音と中音（　　　　）　2.主音と下中音（　　　　）　3.主音と下属音（　　　　）
4.属音と導音（　　　　）　5.上主音と導音（　　　　）　6.上主音と中音（　　　　）

ハ長調の音階を記して考えましょう。中音と下中音を間違えないように。
主音を基にした音程と幹音の組み合わせによる音程について復習しましょう。

Lesson 3 - 2

指定された音階を主音から主音まで書きなさい。変化記号が必要なときは、臨時記号を用いること。

1.イ調和声短音階

2.ハ調旋律長音階（上・下行形）

3.ト音から始まるフリギア旋法

4.ニ音から始まるエオリア旋法

5.ハ調和声長音階

長調・短調の各種音階は、第3章－【1】を見て正確に覚えましょう。
フリギア旋法は長音階の第iii度音から、エオリア旋法は第vi度音から出発する音階です。指定された音と長音階の主音との音程を考えましょう。

Lesson 3 - 3

指定された調の半音階（上・下行形）を臨時記号を用いて書きなさい。
1.イ短調

2.ト長調

短調の半音階は、第ii音だけが♭系（半音下行変化）、他は♯系（半音上行変化）です。また、上行形と下行形は同じ音構成です。
長調の半音階上行形は、第vi度音は半音上行変化せず、第vii度音を半音下行変化した音を用います。下行形は、属音を半音下行変化できないことに注意しましょう。

Lesson 3　模範解答

Lesson 3 - 1
1.（長3度）　2.（長6度）　3.（完全4度）　4.（長3度）　5.（長6度）　6.（長2度）

Lesson 3 - 2

1.
2.
3.
4.
5.

Lesson 3 - 3

1.
2.

イ短調、ト長調の半音階と、基になる自然短音階、長音階と変化音の関係を把握しましょう。

イ短調
半音階
自然短音階
変化音

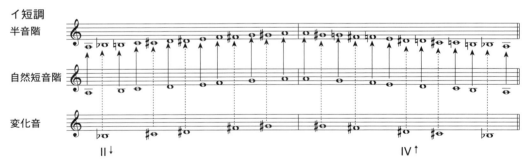

ト長調
半音階
自然長音階
変化音

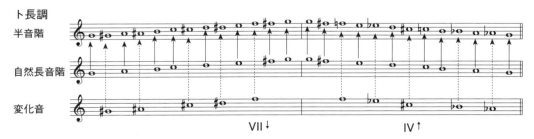

第4章 THEORY 調号と調関係

【1】五度圏

ある1つの調を基準として、調号上近い関係にある調と、遠い関係にある調があります。

五度圏は、調号のないハ長調・イ短調を中心として、右方向は♯系で完全5度ずつ上行し、左方向は♭系で完全5度ずつ下行します。調号が5個以上の調には異名同音調があり、さらに5度ずつ進むと元のハ長調・イ短調に戻ります。

どの調を中心（主調）としても、1つ隣の5度上・5度下の調が調号上の近親調で、対角線上の調に近づくにしたがって遠い調になります。

長調を基準として、左方向の調号3個先の内円に同主短調があり、短調を基準としたときは、右方向の3個先に同主長調があります。

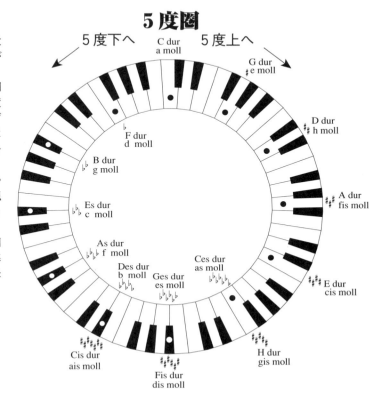

【2】近親調

ハ長調を主調とした場合、平行調（イ短調）と左右に隣接する調（ヘ長調、ニ短調、ト長調、ホ短調）が調号上、近い調であると言えます。これらを近親調と呼びます。

近親調にはもう1つ主音を共通音とする同主調があります。ハ長調を主調とした場合、同主調はハ短調になります。全ての近親調を図示すると下記のようになります。

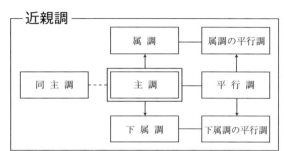
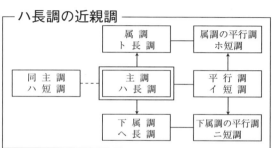

もう少し簡単に考える方法があります。主調の各和音を記し、その中で長三和音と短三和音を形成する和音を選出します。主和音となる和音は、長三和音か短三和音のどちらかです。次頁の譜例を見てみましょう。ハ長調に含まれる和音の中で、長三和音と短三和音を形成する和音を探してみましょう。

ハ長調に含まれる長三和音と短三和音は、Ⅰの和音（長三和音）、Ⅱの和音（短三和音）、Ⅲの和音（短三和音）、Ⅳの和音（長三和音）、Ⅴの和音（長三和音）、Ⅵの和音（短三和音）の6個です。

　　Ⅰの和音　　（長三和音）　　→主調（ハ長調）
　　Ⅱの和音　　（短三和音）　　→下属調の平行調（ニ短調）
　　Ⅲの和音　　（短三和音）　　→属調の平行調（ホ短調）
　　Ⅳの和音　　（長三和音）　　→下属調（ヘ長調）
　　Ⅴの和音　　（長三和音）　　→属調（ト長調）
　　Ⅵの和音　　（短三和音）　　→平行調（イ短調）

これに主音を共通音とする同主調を加えると全ての近親調がそろいます。
同様にハ短調の近親調を考えてみましょう。
ハ短調に含まれる長三和音と短三和音は、Ⅰの和音（短三和音）、Ⅲの和音（長三和音）、Ⅳの和音（短三和音）、Ⅴの和音（短三和音）、Ⅵの和音（長三和音）、Ⅶの和音（長三和音）の6個です。

　　Ⅰの和音　　（短三和音）　　→主調（ハ短調）
　　Ⅲの和音　　（長三和音）　　→平行調（変ホ長調）
　　Ⅳの和音　　（短三和音）　　→下属調（ヘ短調）
　　Ⅴの和音　　（短三和音）　　→属調（ト短調）
　　Ⅵの和音　　（長三和音）　　→下属調の平行調（変イ長調）
　　Ⅶの和音　　（長三和音）　　→属調の平行調（変ロ長調）

楽典では、近親調以外の調を全て遠隔調として扱います。しかし、遠隔調の中にも比較的近い調とかなり遠い調に分ける事ができます。同主調の近親調は、遠隔調ですが比較的近い調関係にありますから、これらを準固有調（準近親調）と呼ぶ事もあります。

●●●●●●●●●●●●●●●●●●●●●●●●●●●●●●●●●●　《参考》三和音の種類について

　三和音には、長三和音・短三和音・減三和音・増三和音の4種類の和音があります。楽典で学習する基本的な和音は、上下に隣り合う音の音程が長3度か、短3度です。この2つの音程の組み合わせで4通りの和音が形成されます。調関係を把握するためには三和音の種類を覚えておく必要があります。（詳しくは第5章を参照）。

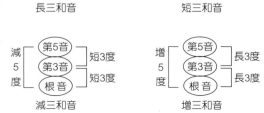

【3】調号

調号の順番は、♯はファ、ド、ソ、レ、ラ、ミ、シ、♭はシ、ミ、ラ、レ、ソ、ド、ファという順にならんでいますが、これらの意味を考えてみましょう。

前述の五度圏の図をもう一度見てください。♯は完全5度毎に高くなり、♭は完全5度毎に低くなります。これを五線上で表してみましょう。

♭はBから完全5度毎に下がり、♯はFisから完全5度毎に上がっていますね。では、♯、♭が何を表しているのか考えてみましょう。

調号で♯1個はト長調、2個でニ長調…調号の♯は長調の第vii度音（導音）に当たるのです。♭は1個でヘ長調、2個で変ロ長調…調号の♭は長調の第iv度音（下属音）に当たるのです。（ちょっと難しくなりますが、調性判定にも役立つので覚えておきましょう）。

第vii度音である導音は、次に主音に進む性格があるので「主音に導く音＝導音」と呼ばれるのです。

第iv度音（下属音）は属七の和音の第7音に当たり、次に2度下行します。

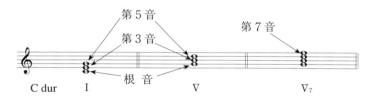

属七の和音の第3音（下から2番目の音）は音階の第vii度音（導音）、
第7音（一番上の音）は第iv度音にあたる。

調号の ♯は長調の属七の和音の導音 、♭は第7音に相当する。

大譜表の譜例中、導音は2度上行して主音へ進み、第7音は2度下行しています。これは、♯音が2度上行、♭音が2度下行するという、調性判定の原理と一致します（第6章「調性判定」参照）。

このように、調号・調関係は難解な理論ですが、音楽理論を学習する上で必ずマスターしなければならないものです。調号の順番を丸暗記するだけでは次のステップへ進めません。何度も読み返して確実に把握しましょう。

調号表

長調 / 短調

5度上行 ↑
中心
5度下行 ↓

譜表中の全音符は、各調号の長調・短調の主音を表します。黒音符は♯系の場合、調号の右端が導音、♭系では、調号の右端が属七の和音の第7音と2度下行した先の解決音であることを表します。

長調　　主音　　短調
C dur　　　　　a moll

♭は属七の和音の第7音・・次に2度下行
♯は導音・・・次に2度上行

《参考》和音の機能

和音の機能について

ある和音から他の種類の異なる和音に進むことによって、色彩豊かな音楽を形成する事ができます。しかし、古典音楽では、和音は無軌道に進行するわけではなく一定の規則があります。

和音を大きく分類すると、Tonic, Dominant, Subdominantの3種類があります。

3種類の機能

Tonic（トニック）
調の中心となる和音で、Ⅰの和音（主和音）Ⅵの和音がこれに相当する。なお、Ⅲの和音も使用法によってはTonicと同様の働きをもつ。

Dominant（ドミナント）
緊張感の高い和音で、Tonicに進行するとき調性を明確にする働きがある。
Ⅴの和音（属和音）がこれに相当する。
なお、Ⅲの和音も使用法によってDiminantの働きをもつ。

Subdominant（サブドミナント）
柔らかい色彩をもつ和音で、Tonicに進行するときプラガル終止（変格終止・アーメン終止）と呼ばれ、落ちついた終止感を与える。Dominantに進行するときは、調性感を一層強める働きをする。Ⅳの和音（下属和音）がこれに相当する。なお、Ⅱの和音は属和音に進み調性感を強める働きをするため、Subdominantとみなすことがある。

主要三和音

TonicのⅠの和音（主和音）
DominantのⅤの和音（属和音）
SubdominantのⅣの和音（下属和音）
を主要三和音と呼びます。

【4】音群と所属調

　長調、短調の音階は基本的に7個の音階音によって構成されます。この7個の音階音のうち、数音だけを取り出すと、複数の調の所属音（音階構成音）になります。

　　※注　所属調では指定されない限り、長調は自然長音階、短調は和声短音階で考えます。

　では、左記の音群がどのような調に含まれるか考えてみましょう。与えられた3個の音は全て幹音ですから、ハ長調に含まれる音群であることはすぐに分かります。では、ハ長調の平行調であるイ短調はどうでしょう。短調は和声短音階で考えなくてはなりませんから導音が嬰ト音になります。嬰ト音は、与えられた3個の音群には含まれていません。ここで重要な事は、嬰ト音だけでなく、増1度の関係にあるト音、重嬰ト音も音群の中には含まれていない点です。**音群に無い音は、「有る」と仮定して考えます。**以上の点からイ短調も所属調の1つであることが分かります。

　次に調号を1つずつ増やしながら、長調と短調の可能性を探ります。与えられた音群に可能な調号は、♯が3つまで、♭は1つだけです（調号上、♯の4つ目はDisですが、与えられた音の中にDがあるため、♯4つ以上の調号は考えられません。同様に調号の♭の2つ目はEsですが、与えられた音の中にEがあるため♭2つ以上の調号は考えられません）。では可能な範囲の調号と調を列挙します。

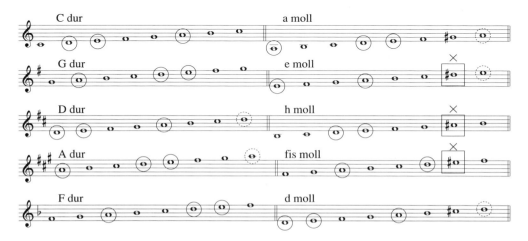

　これらの音階は、♯3個までの長調と短調、♭1個の長調と短調の音階です。
　○印は与えられた音群に相当する音で、□は与えられた音群中の1つの音が短調の導音として変化された音です。変化された音を持つ調は、最初に与えられた音群を含む調ではありません。

　以上の事項から、与えられた音群を含む調は、
　　　　　　　ハ長調・イ短調、ト長調・ニ長調、イ長調そしてヘ長調・ニ短調
　　　　　　　　　　　　　　　　　　　　　　　の7個の調であることが分かります。

　また、最後に調号によって**導き出された長調の同主短調について可能性を考える必要があります。**
　ハ長調の同主調であるハ短調、ト長調→ト短調、ニ長調→ニ短調、イ長調→イ短調、ヘ長調→ヘ短調、これら同主短調の第iii度音（中音）、第vi度音（上中音）、第vii度音（導音）と与えられた音群を比べます。上記の音群では新たに該当する同主短調は発見できませんが（該当する調としてイ短調とニ短調があるが、すでに答えが出ている）、必ずこの方法も実施してください。

音群と所属調のポイント
1. 指定が無いとき、長調は自然長音階、短調は和声短音階で考える。
2. 短調は、導音が半音高く変化される。
3. 調号を1つずつ可能な範囲まで増やして考える。
4. 最後に、調号によって導き出された長調の同主短調の可能性を探る。

　入試問題の中には、「自然短音階 or 旋律短音階で考える事」という問題もあります。この場合も最後の「4．最後に、調号によって導き出された長調の同主短調の可能性を探る。」により全て解答できます。

Lesson 4

Lesson 4 - 1

次の各調の近親調名をドイツ調名で答えなさい。
1. F dur を主調とするとき　　同主調（　　）、平行調（　　）、属調（　　）、下属調（　　）、
　　　　　　　　　　　　　　　属調の平行調（　　）、下属調の平行調（　　）
2. as moll を下属調とするとき　主調（　　）、同主調（　　）、平行調（　　）、属調（　　）、
　　　　　　　　　　　　　　　属調の平行調（　　）、下属調の平行調（　　）
3. cisis を導音とする調を平行調とするとき
　　　　　　　　　　　　　　　主調（　　）、同主調（　　）、属調（　　）、下属調（　　）

　近親調は、主調を中心として6つの調があります。主調の同主調は主音が同じ音の調で、主調が長調のとき同主調は短調、主調が短調のとき同主調は長調になります。その他の平行調、属調、属調の平行調、下属調、下属調の平行調は、主調から見て調号が1つ違いまでの範囲の調です。五度圏や近親調の表を正確に覚えましょう。なお、ダブルシャープを含む調は以下の3個の短調だけです。
　（下の楽譜はそれぞれの調の導音です）。

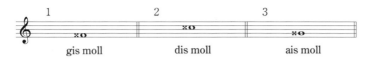

Lesson 4 - 2 （名古屋音楽大学）

　次の音群は音階構成音を順不同に書いたものです。その調名を答えよ。ただし、短調は和声、旋律上行形とし、その区別も書き入れること。

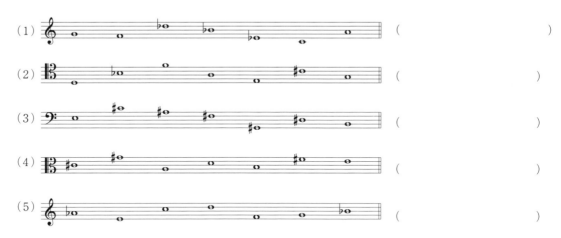

　まず、主音から1オクターブ上の主音までの音階に書き換えましょう。最初の音を基準（主音ではない）に、低い音は1オクターブ上に、9度以上離れている音は1オクターブ下に。すると1オクターブ以内の音階になります。それから調号の順番を考えれば答えが出ます。なお、（2）は♯と♭が音階に含まれています。
　このように♯と♭を同時に含む調はト短調とニ短調の2つだけです。

どちらも♭音は調号上の音階音で、♯音は半音変化された導音です。

Lesson 4 - 3

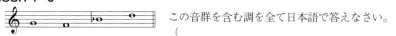 この音群を含む調を全て日本語で答えなさい。
（　　　　　　　　　　　　　　　　　　）

この音群には♭音が含まれています。♭の調号を1つずつ増やしながら考えましょう。音群と所属調のポイントは覚えましたか。以下は調号上、可能な範囲の調です。

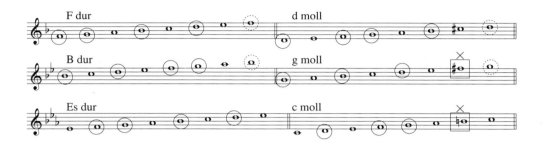

Lesson 4 - 4 （同志社女子大学）

次に指定する調名を答え、その音階（短調は和声短音階）を指定された譜表上に調号を用いて書きなさい。
（例）ハ短調〈c moll〉の属調・アルト譜表
〈解答例〉ト短調〈g moll〉
（1）ト短調〈g moll〉の下属調・テノール譜表
（　　　　　　　　　　　　　　　　　　）
（2）変イ長調〈As dur〉の属調の同主調・ソプラノ譜表
（　　　　　　　　　　　　　　　　　　）
（3）嬰ヘ短調〈fis moll〉の下属調の平行調・高音部譜表
（　　　　　　　　　　　　　　　　　　）

この問題にはクレフ（音部記号）も設問に含まれています。各譜表の名称と記号を正しく覚えましょう。

Lesson 4 - 5 （東京芸術大学）

（1）次の音階の調と種類を書け。次にはじめの音符を中音とする長音階に、臨時記号を音符の上方に書き加えて直せ。

（2）次の旋法の旋法名を答えよ。次にこれをフリギア旋法に、臨時記号を音符の上方に書き加えて直せ。

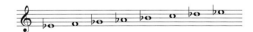

（1）は♯と♭が含まれています。♯♭を同時に含む調は・・・LESSON4-2の通りです。（2）は教会旋法の問題です。臨時記号を書き込む場所に注意しましょう。

Lesson 4 模範解答

Lesson 4 - 1

1. 同主調（f moll）、平行調（d moll）、属調（C dur）、下属調（B dur）、属調の平行調（a moll）
下属調の平行調（g moll）
2. 主調（es moll）、同主調（Es dur）、平行調（Ges dur）、属調（b moll）、属調の平行調（Des dur）
下属調の平行調（Ces dur）
3. 主調（Fis dur）、同主調（fis moll）、属調（Cis dur）、下属調（H dur）

Lesson 4 - 2

（1）（変ロ短調旋律上行形）（2）（ニ短調和声）（3）（ロ長調）（4）（イ長調）（5）（ヘ短調旋律上行形）

Lesson 4 - 3

（ヘ長調、ニ短調、変ロ長調、変ホ長調）

Lesson 4 - 4

（1）（ハ短調〈c moll〉）

（2）（変ホ短調〈es moll〉）

（3）（ニ長調〈D dur〉）

Lesson 4 - 5

（1）（ト短調　旋律短音階）

（2）（ドリア旋法）

（2）は、調号♭5個の変ニ長調と同じ構成音です。最初の音は変ニ長調の上主音（第ii度音）ですからドリア旋法です。フリギア旋法は、長音階の中音から出発します。つまり長3度下に長音階の主音がありますからEsの長3度下のCesを主音とする長音階と同じ構成音にすれば良いわけです。

第 5 章 THEORY 和音

楽典で扱う和音には、三和音、四和音、五和音があります。いずれの和音も、原型和音（根音から３度毎に積み重ねた形）にした時、上下に隣接する２音の音程は、長３度か、短３度です。

隣接する音が減３度や増３度になるものは楽典では出題されませんが、判別できるようにしましょう。

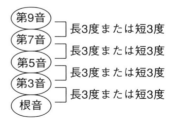

【１】三和音の種類

三和音には、長三和音、短三和音、減三和音、増三和音の４種類があります。

三和音は３個の音で形成されますが、その一番下の音を「根音」、中間の音は根音の３度上にあることから「第３音」、そして一番上の音は根音の５度上にあることから「第５音」と呼びます。基本となる和音は、根音から３度ごとに積み上げられた形になっていますが、これを原型和音と呼びます。

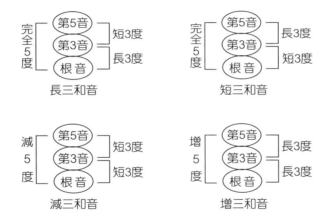

各種の和音は、根音だけではなく、第３音、第５音を基準として記す事ができます。下の譜例は１が、ホ音を根音として、２は嬰ト音を第３音として、３はロ音を第５音として記したものです。各和音の種類の上下に隣接する音程を確認しましょう。

【2】音階と固有和音

　長音階、短音階の構成音に3度ずつ構成音を積み重ねると、それぞれ音階の固有和音が形成されます。各和音の度数はローマ数字大文字で表します。音階の固有音がどのような種類の和音になるかを考えてみましょう。

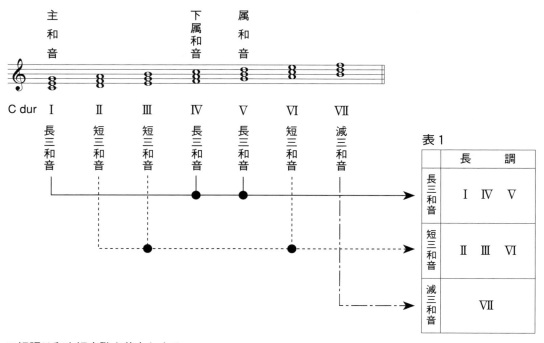

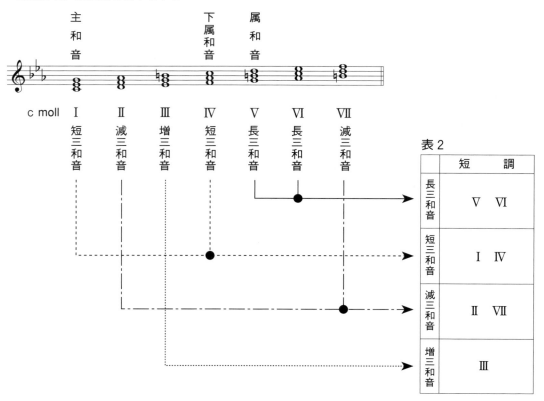

では、逆に和音から所属調を導く方法を考えてみましょう。

これは、前頁の長調と短調の和音表を
合わせた表です。
この表から、与えられた和音の所属調を
導くことができます。

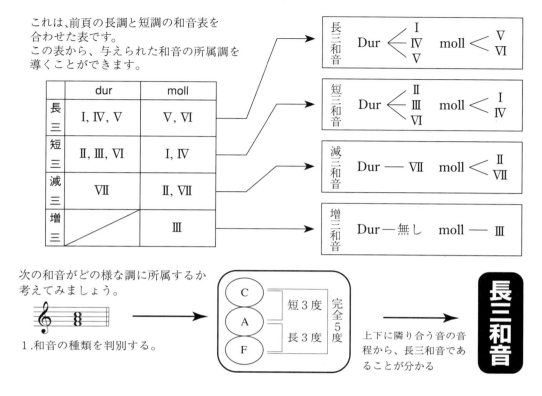

次の和音がどの様な調に所属するか
考えてみましょう。

1. 和音の種類を判別する。

上下に隣り合う音の音程から、長三和音であることが分かる

2. 長三和音の和音表から、いくつの調に所属するかを把握する。

和音表から、長三和音が5個の調に所属することが分かる。

3. 各和音の根音と、主音の音程を把握する。

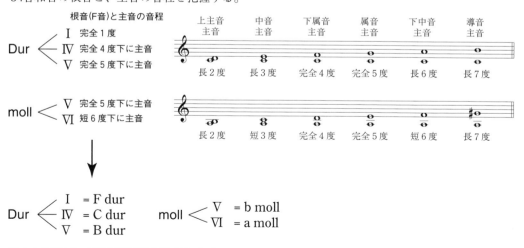

以上の要領で、所属調が導き出されます。
最後に、導き出された調が、調号7個までの調であることを確認しましょう。

【3】四和音

四和音は、三和音の第5音の上にもう1つ3度上の音が加わります。

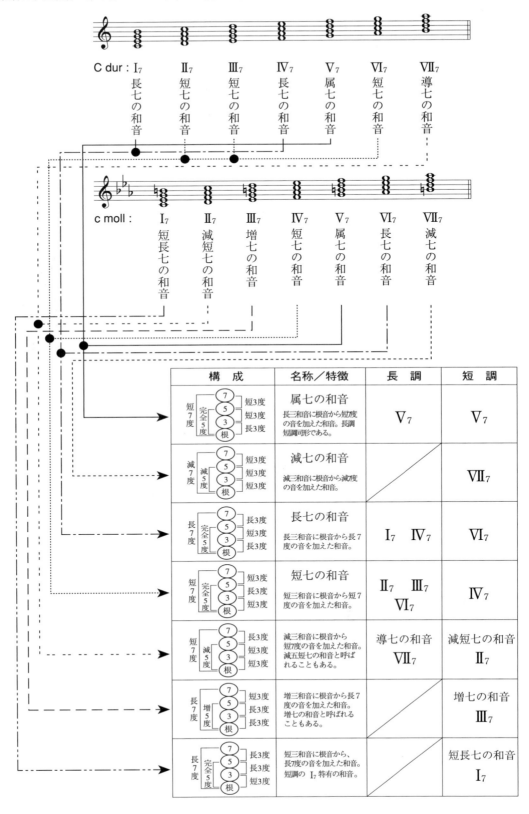

和音と所属調の見方

　ある1つの和音が、いくつの調に所属するのか、またどのような調に所属するのかについては前項で解説しました。和音または和音を形成する音群は、調性を絞り込む有効なヒントになりますので、ここでもう一度復習しておきましょう。

	種　類	長　調	短　調	所属調数
三和音	長三和音	I, IV, V	V, VI	5
	短三和音	II, III, VI	I, IV	5
	減三和音	VII	II, VII	3
	増三和音	×	III	1
四和音	長七の和音	I_7, IV_7	VI_7	3
	短七の和音	II_7, III_7, VI_7	IV_7	4
	属七の和音	V_7	V_7	2
	減七の和音	×	VII_7	1
	減短七の和音	VII_7 ※1	II_7	2
	短調のI_7	×	I_7	1
	短調のIII_7	×	III_7	1

　※1　長調のVII_7は根音が導音なので『導七の和音』と呼ぶこともあります。
　　　短調のII_7に現れる和音は、根音が導音ではないので『導七の和音』ではありません。
　　　減短七の和音は『減五短七の和音』と呼ぶこともあります。

1つの長三和音が、どんな調に所属するのか、表を頼りに答えを導いてみましょう。

種　類	長　調	短　調	所属調数
長三和音	I, IV, V	V, VI	5

表から長三和音は長調・短調あわせて5種類の調に所属することが分かります。
長調ではI、IV、Vの和音、短調では、V、VIの和音になる**可能性があります。**

ローマ数字の部分をそれぞれ主音、下属音、属音、下中音に読み替えれば簡単に調が分かります。ただし、いくつの調に含まれるかは**可能性であることを忘れてはなりません。**

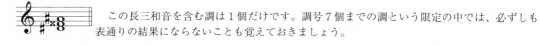

この長三和音を含む調は1個だけです。調号7個までの調という限定の中では、必ずしも表通りの結果にならないことも覚えておきましょう。

【4】配置と和音記号

1.原型和音

実際の楽曲で使用される和音には様々な形態がありますが、これらを原型和音に直して「和音の種類・配置・和音記号」等を考えるようにしましょう。

このように、重複した音を除いて最後まで残った音を3度毎に積み重なる和音の基本形（＝原型和音）に直します。

このように、どのような和音も重複する音を省いて原型和音に直すことにより、簡単に分析することが可能になります。

2.和音の転回形と記号

和音の転回形は、上のように数字で表します。
和音の原形を求める時は、3度ずつの積み重ねに直しますが、転回形を求める時には根音（一番下にある音）に注目します。三和音と四和音の表し方を覚えましょう。

※楽典で用いる和音転回記号は、通奏低音数字から派生した下記の記号です。その他、和声機能を表す記号、コードネームも覚えておきましょう。

■■■ コラム　通奏低音から派生した数字記号 ■■■

和音の問題等でときどき見かける和音記号の右横の小さな数字。これは和音の形状…基本形、転回形を示す記号です。

※右から2, 34, 56, 7と覚えましょう。

この数字はバロック時代までに利用された通奏低音と呼ばれる記号を簡略化したものです。チェンバロ等の鍵盤楽器奏者は、チェロ・コントラバス声部を左手で弾きながら、その下に記された数字をたよりに右手で和音や対旋律を即興で演奏していました。記された数字は2段重ねは当たり前。3～4段に重なった数字を瞬時に理解して演奏するのです。楽典で用いる数字とは比較にならないほど難しいものです。
皆さんは上記の7種類だけで良いのですから、しっかり覚えましょう。

Lesson 5

Lesson 5 - 1

和音について答えなさい。(相愛大学)
(1) 次に示された音の上に、それぞれ指示された和音を作りなさい。

(2) 上記の結果の和音について、適切な語を(　)内に書きなさい。
　　　(イ) 変イ長調では　　　　　(　　　の和音)
　　　(ロ) Ⅱの和音ならば　　　　(　　　調)
　　　(ハ) Ⅶの和音ならば　　　　(　　　調)
　　　(ニ) 嬰ニ短調ならば　　　　(　　　の和音)
　　　(ホ) (　　　長調) では属七の和音

基本的な問題ですが、最初から転回形を書くとケアレスミスが多くなります。先に基本形を書きましょう。三和音の所属調を参照しましょう。なお、属七の和音は第3音が導音です。導音の短2度上に所属する長調と短調の主音があります。

Lesson 5 - 2

次の (1) ～ (3) の問いに答えなさい。(日本大学芸術学部)
(1) 次の指示された音を用いて和音を作りなさい。
　　　a. 属七の和音の第5音　　　　　　b. 増三和音の根音

(2) 次の和音を含む調をすべて答えなさい (短調の場合は和声短音階とする)。

(3) 次の指示された和音をもとに音階を書きなさい (短調の場合は和声短音階とする)。
　　イ. 次の和音をⅣの和音とするとき (低音部譜表)

　　ロ. 次の和音を持つ調 (高音部譜表)

これも基本的な問題です。所属調に関する問題では、「調号7個まで」の範囲で答えることを忘れないように注意しましょう。

Lesson 5 - 3

次の和音が所属する調を［　］の中に答えよ。ただし、短調は和声短音階のみとする（調号は7つまでで考えよ）。
（東京音楽大学）

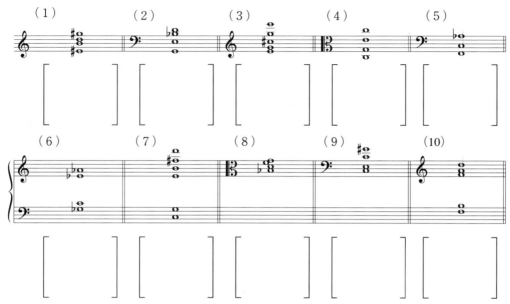

音の数が多い和音は必ず原型に直しましょう。(7) の和音はハ音を根音とする六和音ですが、これも四和音の知識があれば解答できます（学習していない形が出ても慌てないこと）。
原型和音と四和音の所属調について復習しましょう。

Lesson 5 - 4

次の楽譜中の1～10の和音記号を下記の中から選んで書きなさい。（国立音楽大学）

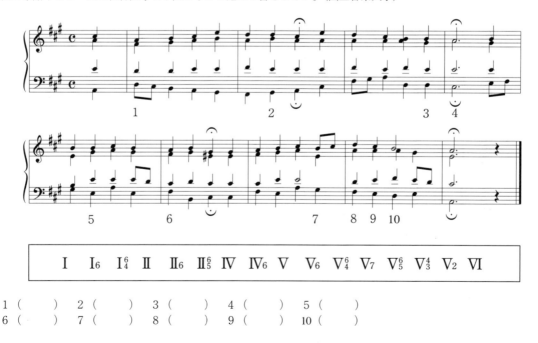

1 (　　)　2 (　　)　3 (　　)　4 (　　)　5 (　　)
6 (　　)　7 (　　)　8 (　　)　9 (　　)　10 (　　)

和音の転回を数字記号を用いて答える問題です。譜例のコラールはイ長調ですから、最初にイ長調の各三和音と属七の和音の原型を書いてみましょう。次にBass音を見てどんな転回形か判断しましょう。

Lesson 5 - 5

［　］の中から下の機能にあてはまるものを（　）内に記しなさい。（神戸女学院大学）
［Ⅰ、Ⅱ、Ⅳ、Ⅴ、Ⅵ］
（1）Tonicの機能（　　）（　　）
（2）Dominantの機能（　　）
（3）Subdominantの機能（　　）（　　）

Lesson 5 - 6

次の鍵盤図を見て、下の問いに答えなさい。（大阪音楽大学）

（1）鍵盤番号によって示された和音が指示された調の何度の和音になるか、例に習って和音記号（基本形）で答えなさい。
〈例〉鍵盤番号1・5・8をハ長調の和音とするときの和音記号（Ⅰ）
（イ）鍵盤番号6・10・13をヘ長調の和音とするときの和音記号（　　）
（ロ）鍵盤番号1・5・10をト長調の和音とするときの和音記号（　　）
（ハ）鍵盤番号6・9・11・15を変ホ長調の和音とするときの和音記号（　　）
（ニ）鍵盤番号4・7・10・13を嬰ハ短調の和音とするときの和音記号（　　）
（ホ）鍵盤番号2・6・10を変ロ短調の和音とするときの和音記号（　　）

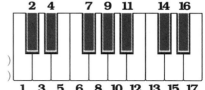

（2）鍵盤番号1・4・9の和音と、鍵盤番号10・14・17の和音をともに含む調の属七の和音の原型を調号を用いて書きなさい。

この問題は、音階と異名同音、各種類の和音の構成（上下に隣接する音の音程）の知識をしっかり身に付けていないと正解できません。楽典で扱う和音は上下に隣接する音の音程が、短3度か、長3度のどちらかです。また、変化記号は調号7個までの長調・短調に含まれるものだけを考えます。♯と♭を同時に用いる調とダブルシャープを含む調について復習しましょう。

（2）の鍵盤番号1・4・9の和音は、C-Es-AsとHis-Dis-Gisの2つの和音の可能性があります。次の鍵盤番号10・14・17の和音はA-Cis-Eだけです。A-Cis-Eを含む調にはC-Es-Asを同時に含む調はありません。

Lesson 5 - 7

次の楽曲の和音記号（転回数字を含む）を（　）の中に、コードネーム（Bassの分数表示は省く）を［　］の中に記しなさい。

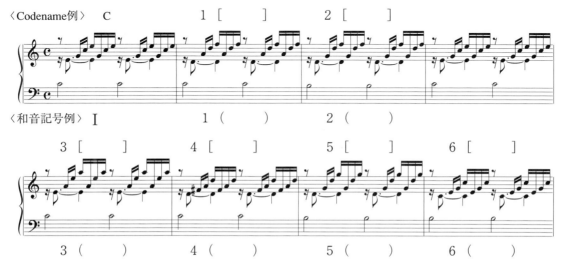

この楽曲はJ.S.Bachの平均律No.1のPreludioです。1小節ごとに和音が変化します。コードネームの分数表示とは、C/Gのような表記法で、右側はバスの音を示します。ここではこの分数表示は必要ありません。

Lesson 5　模範解答

Lesson 5 - 1

（1）

　　　　（イ）　　　　（ロ）　　　　（ハ）　　　　（ニ）　　　　（ホ）

（2）（イ）（Ⅳ）　（ロ）（ロ長）　（ハ）（変ハ長）　（ニ）（Ⅲ）　（ホ）（変ホ）

　　　※注　（ハ）は、Ⅶの和音は長調、短調同形ですから2つの答えがありますが、調号上変ハ短調はありません。

Lesson 5 - 2

（1）　　a.　　　　　　　b.

（2）　1（F dur, C dur, a moll）　2（Des dur）　※日本語でも良い。

（3）　イ　　　　　　　　　　　　　　ロ　　　　　　　※臨時記号でも良い。

Lesson 5 - 3

（1）嬰ヘ短調　　（2）ヘ長調、ニ短調　　（3）ニ長調、ニ短調、ロ短調

（4）ハ長調、ト長調、ヘ長調、ヘ短調、ホ短調

（5）変ホ長調、変ニ長調、変イ長調、ヘ短調、ハ短調　　（6）変ニ長調

（7）ト長調　　（8）ヘ長調、ニ短調、変ロ長調、変ホ長調　　（9）イ短調　　(10) ハ長調、イ短調

Lesson 5 - 4

1（Ⅳ）　2（V$^6_5$）　3（V$_2$）　4（I$_6$）　5（V）　6（Ⅵ）　7（V$_6$）　8（Ⅳ$_6$）　9（I$^6_4$）　10（Ⅱ$^6_5$）

Lesson 5 - 5

（1）（Ⅰ）（Ⅵ）　（2）（V）　（3）（Ⅱ）（Ⅳ）

Lesson 5 - 6

（1）（イ）（Ⅰ）　（ロ）（Ⅱ）　（ハ）（V$_7$）　（ニ）（Ⅶ$_7$）　（ホ）（Ⅲ）

（2）

Lesson 5 - 7

1 [Dm$_7$]（Ⅱ$_2$）　2 [G$_7$]（V$^6_5$）　3 [Am]（Ⅵ$_6$）　4 [D$_7$]（V̌$_2$）　5 [G]（V$_6$）　6 [C$_{M7}$]（I$_2$）

　　　　　　　　　　　　　　　　　　　　　　G：V$_2$も可

第6章 THEORY 調性判定

調性を判定する理想的な手段は、与えられた楽譜を頭の中で「音楽」として表現する（歌う）ことです。しかしこれを完璧にできるようになるまでには長い時間と努力が必要です。ここでは今まで勉強した楽典の理論…音程、音階、和音の知識をフルに活用して理論的に調性を判定できるようにしたいと思います。

【1】音階固有音と臨時音

次の楽譜はハ長調です。シャープ、フラットの付いた音はハ長調の音階固有音以外の音…つまり臨時に用いられた音です。それでは音階固有音と臨時に用いられる音（以降、臨時音と呼ぶ）の違いについて譜例を見ながら考えてみましょう。

1.音階固有音

ハ長調にはドレミファソラシの7個の音階固有音があります。これらの音はメロディーラインを形成するときには基本的に何の制約もありません。次にどの音に進行しても良いのです。上記譜例の幹音（♯♭等の付いていない音）は、主調（ハ長調）の音階固有音で上行、下行、跳躍と自由に進行しています。

2.臨時に用いられる音〔臨時音〕

メロディーに変化をもたせるために、昔から多くの作曲家が様々な装飾方法を編み出してきました。トゥリラやターン、前打音などもその1つです。十二平均律が浸透してからは一層その傾向が増し、半音階的な装飾も見られるようになりました。しかし、あくまでも装飾ですから半音階的な装飾もトゥリラやターンと同様にメロディーラインを壊さないよう、使用に際して制約があります。

◆半音上行変化された音は、次に2度上行する。

譜例中のFis音は次に2度上行してG音に進んでいます。Fis音はメロディーラインを引き立てるために臨時に用いられた音で次に2度上行してG音に到達することでその役目をはたします。

◆半音下行変化された音は、次に2度下行する。

譜例中のAs音は次に2度下行してG音へ、B音は次に2度下行してA音に進んでいます。半音下行変化された音は先述の半音上行変化された音の逆で次に2度下行します。

★キーポイント　増1度の関係にある2音の判別

転調を含まない旋律中に増1度の関係にある音〈F音とFis音、A音とAs音等〉が同一の音階固有音に順次進行するとき、音程の広い方を固有音とみなすことができます。

□ で囲まれた Dis - E , D - E は、音程の広い D 音が音階固有音　　□ の D 音が跳躍進行＝音階固有音

□ で囲まれた Fis - G , F - G は、音程の広い F 音が音階固有音　　□ の F 音が跳躍進行＝音階固有音

○ で囲まれた As - G , A - G は、音程の広い A 音が音階固有音

※注　順次進行＝2度進行。跳躍進行＝3度以上の進行。

★キーポイント　音階固有音と臨時音の進行

　「半音上行変化された音は、次に２度上行する。」「半音下行変化された音は、次に２度下行する。」これは先程の譜例を用いた説明でも触れましたが、まず第一段階としてこれらの事をしっかり覚えておきましょう。そして次に「音階固有音は上行、下行、跳躍、と自由に進行できる。」事も覚えておきましょう。つまり、**音階固有音は臨時音と同じ進行もできるのです。**

　メロディーには楽譜を見てすぐに口ずさむことができるような簡単なものから、何度も練習しなければ演奏できない複雑な曲があるように、臨時音にも簡単に見分けられるものと容易に認識できないものがあります。**認識できない音には「？」マークを付けて、曲全体を見ながら固有音か、臨時音かを判別します。**

◆半音上行変化した臨時音

　下の譜例の?マークの音は半音上行変化した臨時音なので次に２度上行しています。

　※もし、♯を含む調であれば、これらの♯音は固有音である可能性もあるので「？」を付けます。

　これが基本的な進行です。しかし、いつも２度上行するだけではメロディーが単調になってしまいます。そこで２度上行する前に別の音に"寄り道"（遅延解決）することがあります。

　寄り道できる音には制約があります。矢印で示した和音を見てください。半音上行変化した臨時音（Fis）を含む和音を形成していますが"寄り道"して通った音もこの和音に含まれている点に注意してください。

このように臨時音は、
その臨時音を含む和音の構成音（音階構成音ではない）に寄り道することができるのです。

◆半音下行変化した臨時音

下の譜例の？印の音は半音下行変化した臨時音なので次に２度下行しています。

これが基本的な進行です。しかし、これも２度下行する前に臨時音を含む和音の中の別の音に"寄り道"することができます。

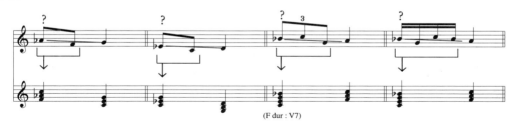

調性判定のコツは「臨時記号の付いた音が最終的にどの音に進んだか」を"音型"で捉えることです。そして、もっと重要なことは、「♯・♭等が臨時音と同じ進行をしているという理由だけで、臨時音であると断定してはならない。」ということです。なぜならば、音階固有音も臨時音と同じ進行ができるからです。

下の譜例の Fis - G - Dis - E は、C dur でも、G dur, e moll, etc. でも使用可能な音型です。

C dur で使用するときは、Fis, Dis は臨時音ですが、e moll ではこの Fis, Dis は音階固有音になるのです。

この音型を用いて C dur と e moll のメロディーを作ってみましょう。

同様に次の譜例の Es - D - As - G も C dur, F dur, B dur 等、様々な調で使用できる音型です。

このように「シャープ音が次に２度上行した、フラット音が次に２度下行した、だから臨時音である。」と短絡的に決めつけてはいけません。

臨時に用いられたはずの上、下行変化音が約束通りの進行をしなかったら、それは装飾的な音ではなく転調を意味します。次の譜例はハ長調で始まりますが、Fis が２度上行しない所は e moll に属します。つまりこの曲は途中でホ短調に転調しているのです。

★キーポイント　臨時音の増1度進行

臨時音は2度上行、2度下行の他に、増1度進行することもできる。

音階の主音と属音は半音下行変化することはありません。必ずC-H-BおよびG-Fis-Fの増1度進行によって下行します。この事は調性判定において重要な意味をもちますからしっかり覚えてください。

【2】調性判定の手順

1. 臨時音の動きをする音に？印を付ける

臨時音の動きをしても音階固有音である可能性もありますからまず？マークを付けておきます。そして、メロディー全体を見渡して臨時音であると確定できたら×印を、音階固有音だと確定できたら○印を付け直します。

与えられた楽曲の中の「2度上行するシャープ音」と「2度下行するフラット音」に？印を付けます。ここで注意する事は♯、♭音のすぐ次の音だけで判断してはならない事です。

※注1　As-D-Fは減三和音(D-F-As)のアルペジオなので、As音は和音の次のG音に進行していると見なせる。

2．？音の判別

ここから「もし‥固有音ならば、～でなければならない。」という仮定法による推理が始まります。

①もし、1小節目のDisが音階固有音ならば、増1度の関係にあるDは半音下行変化した臨時音なので2度下行しなければならない。しかし3小節目のDは2度下行せず上行している。また、1小節目のDis-Eが、短2度であるのに対し、3小節目のD-Eは長2度である。

②もし、2小節目のFisが音階固有音ならば、増1度の関係にあるFは半音下行変化した臨時音なので2度下行しなければならない。しかし4小節目のFは2度下行せず上行している。また、2小節目のFis-Gが、短2度であるのに対し、4小節目のF-Gは長2度である。

③もし、6小節目のAsが音階固有音ならば、増1度の関係にあるAは半音上行変化した臨時音なので2度上行しなければならない。しかし6小節目のAは2度上行せず跳躍している。

①②③でDis,Fis,Asが固有音であるという仮定が成立しなかったので、この曲はC durであると分かる。

【3】調性を決定する音

1. V_7-I（完全終止）の連結に含まれる音群

調性を決定する一番小さい要素は、属和音→主和音の連結です。その中でも下記の V_7-I の連結が最も少ない音で調性を決定するものです。

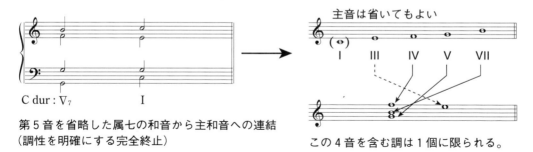

第5音を省略した属七の和音から主和音への連結
（調性を明確にする完全終止）

この4音を含む調は1個に限られる。

　この和音連結で用いられる音は、C,E,F,G,Hの5個の音ですが、さらにC（主音）を省いて4個の音群にしても調性は確定されます。「たったの4音で調性が決まるはずがない！」とお疑いの方は、今まで勉強した知識を活用してC dur以外にE,F,G,Hの4音を含む調を探してみてください（短調は和声短音階で考えるのが楽典の基本です。このため、和声短音階に含まれる増2度およびその転回形である減7度を形成する2音だけで調を決定します）。

2. 長調・短調を決定する音〔性格決定音〕

　長調には、自然・和声・旋律の3種類の音階があり、短調にも自然・和声・旋律の3種類の音階があります。6種類の音階において、第vi度音（下中音）と第vii度音（導音）は変化するため長調と短調の区別化はできません。唯一、第iii度音（中音）だけが長調と短調で共通しない音です。この中音を性格決定音と呼びます。

※第 i, ii, iv, v 度音は、長調・短調共通

※注　調性判定で最終的に長調・短調を決定する音は中音だけです。下中音を基に判断しないこと。

★キーポイント　短調の特徴的な進行について

　長音階には増2度、減7度の音程は含まれませんが、短調では和声短音階にこれらの音程が含まれます。メロディーに増2度、減7度の音程を発見したら、短調の可能性が高いと考えられます。

　なお、長調の楽曲は調号通りに派生音が現れますが、短調は調号の派生音以外に導音が必要ですから調号の順番を破る派生音・本位音※注1が現れます。

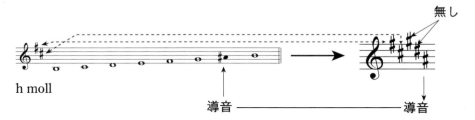

　短調の導音と同主長調の導音は共通です。上の譜例はロ短調の音階とその導音が、調号上どのような関係であるかを示しています。右側の調号はロ短調の同主長調の関係にあるロ長調の調号です。

　短調の調号に対して同主長調の調号は、♯が3個増えます。（♭の調号は3個減る）。短調の導音は常に調号3個分の差があるわけです。

　調性判定において、調号から離れた♯や♮があるとき、短調の可能性が高くなります。

　以下、全ての短調の調号と導音を記します。

　　　※注1　派生音＝調号または臨時記号の♯・×・♭・♮を付けられた音。本位音＝♮によって幹音になる音。

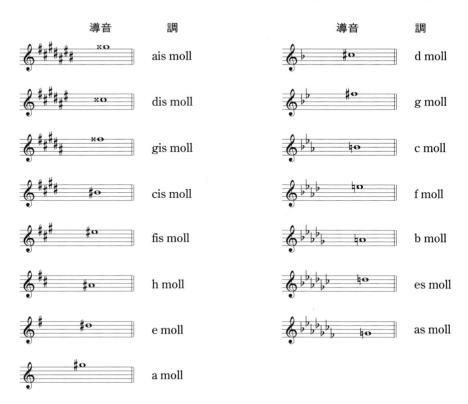

　このように、すべての短調において導音に変化記号・本位記号が付きます。

　調号の順番を破る派生音・本位音が、音階構成音の動きをしたら短調であると考えられます。

【4】転調

　転調を含む調判定の課題では、派生音の動きが最初と最後（あるいは途中数カ所）で異なります。単純な課題では、途中から1度転調するだけですから、冒頭の調性と曲尾の調性を判定すればよいわけです。
　途中何度か転調する課題でも同様に派生音の進行を注意深く分析しましょう。

冒頭はGis音とC音が跳躍していることから、a mollと判断できる。

曲尾はG音が跳躍していることからC durに転調していると判定できる。

冒頭は変化音が無く、長音階の第 III, IV, V, VII 度音の全てを充たしているのでC durである。

②のDis音とFis音が跳躍進行していることから、e mollへ転調していることが分かる。

曲尾は③のD音が2度上行、⑤のFis音が2度下行、④のAis音に対して⑥のA音がH音へ2度上行していることから、G durと判定できる。

　上記の譜例1は、歌いやすいメロディーですから最初に歌ってみましょう。1～4小節までは歌っただけで判定できると思います。理論的に証明すると、特徴のある音で跳躍しているもの（Gis音、C音etc.）を全て含む調は、a mollだけであること。また、1小節目がA dur, a mollの属七の和音を形成し、2小節目がa mollのIの和音であることから冒頭（曲頭）はa mollと判定できます。
　5～6小節目には、d mollを思わせるCis音がありますが、この部分だけ判定するのは難しいですね。
　7小節以降は、G音が跳躍することと、最終的にC音へ向かうことから、C durと判定できます。この課題は冒頭と曲尾の調を問う問題であれば、「a mollからC durへ転調」が正解です。もし、「転調経過を記しなさい。」という問題なら「a moll, d moll, C dur」でも正解です。
　譜例2は明らかに2度転調しています。冒頭のC durは歌って判定することができます。理論的にはC durの中音、下属音、属音、導音を全て含んでいますからC dur以外は考えられません。
　5小節目には2度下行および跳躍するFis音、跳躍するDis音により、E durまたはe mollへの転調の可能性があります。この前後にはG音（e mollの性格決定音）があることからe mollと判定できます。
　7小節目のD音は2度上行しているのでここから再び転調していることが判ります（Dis音が音階構成音であるとき、D音は臨時音なので2度下行しなければならない。しかしこのD音は2度上行している＝転調を示す）。8小節目のFis音が2度下行。④のAis‐Hの音程が短2度であるのに対し、⑥のA‐Hが長2度なので、この部分はA音が構成音。以上の事からこの部分はG durと判定できます。

【5】多声体楽曲の調判定［1］和声的楽曲

　旋律だけの調判定は今まで述べた方法で解決できますが、ピアノ曲や伴奏付の楽曲、オーケストラのスコア等では、判定の方法が異なります。また、「和声的楽曲」と「対位法的楽曲」でも異なります。最初に和声的楽曲から説明します。

1.最低音（Bass声部）から判定する。

　音数の多い楽曲でも、ほとんどの場合Bass声部は和音の中の重要な音を演奏しています。また、古典派の音楽では調性感を強めるために属音をオクターヴ跳躍させることがあります。このような特徴的な部分を見つけることができれば、比較的簡単に判定できます。

　次の楽曲はJ.S.Bachの管弦楽組曲第2番より「Bourrée」です。

Bass声部の進行から、以下の調を導くことができる。
　（1）は h moll
　（2）は d moll or D dur
　（3）は e moll or E dur
　（4）は h moll

　全声部を頭の中で再現することは大変困難ですが、Bass声部だけなら「頭の中で歌う」ことができますね。この曲はh mollですが、途中で2つの調に転調し、再びh mollに戻ります。
　全ての曲がこのように簡単に判定できるとは限りません。Bass声部だけで判定できないときは、他の声部の音も含めて属七の和音の構成音を探します。

2. V_7-I の連結を探す。

　Bass声部の動向だけでは判断できないとき、V_7-I（完全終止）の連結を探します。完全終止は調性を決定するのに一番強い働きをします。

（1）－（2）は h moll の V_7 - I
（1'）は h moll の V_9（短調の属九の和音は、1個の短調だけに所属する）
（3）－（4）は D dur の V_7 - I
（5）－（6）は e moll の V_7 - I　※注（6）の和音は第5音省略形

　スコアの中から和音の構成音を探すのは大変難しいことですが、最初にBass声部の進行から重要な音を探し、次に内声部から目的の音を探します（基本的には跳躍する音の中から選びます）。
　各声部の和声的に重要な音だけを選択すると、単純な三和音・四和音・五和音が現れます。この中から属和音に相当する和音を抽出できれば調性の範囲を絞ることができます。このような作業を骨格化（次頁参照）と呼びます。

【6】多声体楽曲の調判定［2］対位法的楽曲

　対位法的楽曲では全ての声部が旋律的な動向をしますから、Bass声部も臨時音を含む複雑な進行をします。対位法的楽曲の調判定では、ある程度楽曲の骨格化（要約）が必要になります。

1．旋律の音程要素

　どのような楽曲においても旋律中に含まれる音程は、順次進行（2度進行）と3度以上の跳躍進行だけです。次の譜例（コールユーブンゲンから抜粋）を見てみましょう。

　1．旋律構成の多くは跳躍進行によるものです。

　2．順次進行と跳躍進行を半々に用いています。

　3．旋律構成の多くは順次進行によるものです。

　1曲目はハ長調、2曲目は変ホ短調、3曲目はイ長調です。このようにいずれの旋律も順次進行と跳躍進行によって構成されます。

2．楽曲の骨格化（要約）

　コールユーブンゲンの譜例はいずれも音階構成音だけで、臨時音は含まれていませんが、実際の楽曲では旋律をより美しくするためにさまざまな装飾音や変化音を用いたり、転調を含めたりします。調性を判定する上で重要な事は、楽曲から装飾的な音を取り省き和声的に最も重要な音だけを抽出することです。これを楽曲の骨格化あるいは要約と呼びます。骨格化されたメロディーラインであれば容易に調性を判定することが可能です。

　では、上記3のメロディーを骨格化してみましょう。

旋律的骨格化から和声的骨格化に至ると、旋律を支える和音が現れます。

次の譜例はバッハ平均律からの抜粋です。

　各声部から細かい非和声音やタイを省き、少しずつ長い音価にしたものが旋律的骨格です（本来はもう少し効率の良い骨格化も可能ですが、和声学の知識を必要としない範囲で実施しています）。最初のうちは単に短い音価を省略することを考えて実施しましょう。旋律的骨格化においては、跳躍している音は残しておきます。

　次の和声的骨格化は、Ⅰ, Ⅱ, Ⅳ, Ⅴ（V_7, V_9）, Ⅵのいずれかの和音を形成できるように音を省略したり、加えたりします。これによってV_7-ⅠやV$_7$-Ⅵ（偽終止）が現れます。

完全終止や偽終止の部分は、はっきりとした調性を形成します。調経過を問う課題では完全終止、偽終止の部分の調を落とさないようにしましょう。

【7】転調の種類

　転調には、ディアトニック転調、クロマティック転調、エンハーモニック転調の３種類があります。
　ディアトニック転調（全音階的転調）は、転調する前と後の両方の調に含まれる音・和音を使って変遷する違和感のない転調です。下記の譜例では（1）と（3）の部分がこれに相当します。
　クロマティック転調（半音階的転調）は、転調前の調に含まれない音を用いることにより、直ちに転調します。フレーズの移り変わりがはっきりする転調です。（2）と（5）がこれに相当します。
　エンハーモニック転調（異名同音変換転調）は、転調前の音や和音を異名同音により読み変えて、全く異なる調の構成音・和音の機能をもたせて転調します。（4）がこれに相当します。この部分はハ短調の属和音をイ短調の属和音に読み換えて転調しています（a moll：Ⅶ7 は終止形を形成していないので、A durへ転調するために一時的に借用された和音と見なします）。

《参考》旋律の中の強進行 ●●●●●●●●●●●●●●●●●●●●●●●●●●●●●●●●

　近年の調性判定の課題は、7割以上が大譜表やスコアからの出題になりました。また、単旋律の問題も歌えば分かるという簡単なものが少なくなりました。

　調性判定の王道的考え方は存在します。しかし、もうそこに受験が迫っているという人には酷かも…。ここでは多声体楽曲の調の判別法をご紹介しますが、和音に関しては徹底的に復習しておいてください。

　大譜表やスコアから調性を判定するのは一見難しく感じられます。しかし、和音連結や調確立の規則を知っておけば、かえって簡単に感じるでしょう。

　次の①～⑥の譜例を見てみましょう。できればピアノを弾いて音を確認してください。

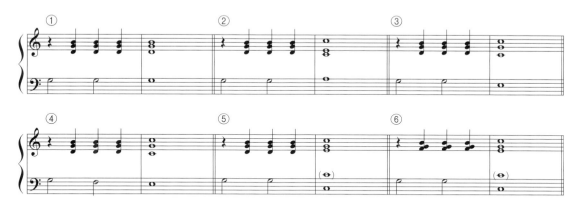

　以上の各フレーズは何調でしょう。
　①の2小節だけで終わってしまったら殆どの人はト長調を感じるでしょう。②と③は少し怪しくなってきます。ト長調かも知れないしハ長調かも知れません。④～⑥は多くの人がハ長調を感じると思います。和音の響きとバスの進行が、聞く人に調を明確に感じさせるためです。
　調性は音階の上中音・下属音・属音・導音の4個の音が揃えば決定されます。

理論的にはこのように説明することができますが、人の耳はもっと曖昧なものです。
⑤の2小節間には下属音はありません。実際の楽曲では下属音や導音をもたない音楽もあります。

　スコットランド民謡の音階は日本の四七抜き音階と同様、下属音と導音がありません。しかし、明確にハを中心とする調…ハ長調と言っても良いでしょう…を感じます。その理由は？
　それはメロディーライン、バスラインに含まれる**ドミナント進行が調性を強める**からです。

　ドミナント進行は、完全4度上行あるいはその転回音程である完全5度下行という旋律的にも和声的にも強い進行です。フレーズの区切りで用いられると強さが倍増します。
　試しに旋律のドミナント進行の位置をかえてみましょう。下段の旋律は2小節目を変更してドミナント進行がレ→ソの完全4度上行になるようにしたものです。
　もはやハ長調を感じることはできないと思います。冒頭はどうあれ2小節目はト長調に落ち着いています。
　ドミナント進行が人の耳に与える影響の大きさを理解いただけたと思います。

《参考》和音連結の中の強進行 ●●●●●●●●●●●●●●●●●●●●●●●●●●●●●●

前項では旋律の中に見られる強進行によって調性判定の手がかりとしましたが、ここではさらに応用して、和音についてもこの強進行を用いた調性判定について述べていきます。

● V_7－I（全終止）について

上記は全て全終止ですが、詳しく分類すると以下のようになります。
　　①②は基本形連結で１拍目で終結＝完全終止（男性終止とも呼ぶ）
　　③は転回形の連結で最後のⅠは第１転回形＝不完全終止
　　④はソプラノが第３音で終結＝不完全終止
　　⑤は最後のⅠが２拍目で終結＝不完全終止（女性終止とも呼ぶ）
　一般的に完全終止はフレーズの区切りや曲の終結部に、不完全終止は曲中やフレーズの区切りで多く見られます。
※ⅠとⅤ V_7 V_9 は第５音を省略することができます。また、V_7 V_9 は根音を省略することも可能です。
※①〜⑤は原型和音に直すと全て同じ形になります。また、原型和音を見てわかる通り、①〜⑤は全てドミナント進行の和声連結です。

● その他の不完全終止と偽終止・変格終止・回避終止

　V_7－I の中には上中音・下属音・属音・導音の調性を決定する４音が全て含まれています。このため、大譜表やスコアの調性判定では V_7－I の連結部分を探すのが一番確実な方法です。

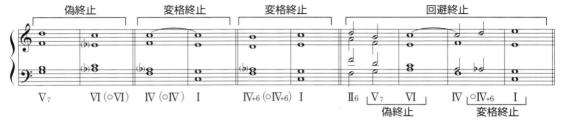

　偽終止や変格（プラガル）終止では、同主短調の和音を利用することがあります（借用和音）。従って偽終止や曲中の変格終止を調性判定の材料にするのは好ましくありません。

大譜表やスコアのように和音を形成する楽曲の場合、もっとも調性に影響を与えるドミナント進行は音楽の土台となるバス声部に置かれます。また、ドミナント進行は単にメロディーラインだけではなく、和音連結として現れます。

　この譜例はシューベルトのピアノソナタOp.42の2楽章スケルツォ冒頭です。曲の冒頭でドミナント進行が続きます。さて、何調でしょうか。
　バスの動向を見ると、完全4度上行のドミナント進行が4回、しかも和音を形成している部分は長三和音です。長三和音は、長調ではⅠ,Ⅳ,Ⅴ、短調ではⅤ,Ⅵの和音になる可能性がありますが、この楽曲のように同じ和音、進行を繰返すと調性感が高まり、イ音を中心音とする調が確定します。3小節目に上中音のハ音があり、この楽曲はイ短調である事がわかります。
　ドミナント進行を多く含む他の楽曲例を見てみましょう。

Piano SONATE No.8 "悲愴" Op.13 終楽章 Rondo.（途中部分）

　上記譜例部分は変イ長調です（バスラインだけを見てください）。
　この部分のモティーフ（M1）にドミナント進行を用いているので、全体的にドミナント進行が多くなります。上下声部を同時に見ると難しく感じますが、大譜表やスコアの基本は下声部を先に読むことです。
　ドミナント進行がたくさんありますが、この中で調を明確にするのは半終止の後の完全終止の部分です。続きを見ると和音連結が分かり易くなります。

　旋律のドミナント進行が調性を強めることは、既に述べましたが、和音のドミナント進行はもっと強烈に調性感が高まります。
　和音のドミナント進行は、単純に根音が4度上行（5度下行）する連結を意味しますが、調性判定で利用するドミナント進行は『属和音→主和音』の完全終止を指します。

次の楽曲はハイドンの弦楽四重奏曲Op.76の冒頭です。この中に含まれるV_7-Iの連結を探してみましょう。

　和音分析に慣れるまでは、全てを原型和音に直すようにしましょう。
　短調の場合、調号に無い派生音を使用します（例　導音＝属和音の第3音）。このため、調性判定でも短調はおおよその見当をつけることができます。派生音を含む響きの中で属七の和音を見つけることができれば、調性を絞ることができます。
　譜例中の①～⑤について。
①同一和音内では完全4度上行・完全5度下行してもドミナント進行にはなりません。
②曲頭で主音や属音、まれに上中音を保続（和音連結に関わり無く音を延長）することがあります。
③シ＝刺繍音。刺繍音は多くの場合、弱拍や拍点外に置かれます。
④イ＝倚音。倚音は強拍あるいは拍点に置かれ、アクセントが無くてもやや強調して演奏されます。
⑤カ＝経過音。経過音は刺繍音と同様に弱拍か拍点外に置かれ、強調されることはありません。経過音的に動向する音の中で、強拍や拍点に置かれるものは経過的倚音と呼ばれ、倚音の扱いになります（ただし、経過的倚音にはアクセントは付けません）。

　さて、譜例の中には旋律進行のドミナント進行と、和音連結のドミナント進行が含まれています。曲頭から3小節1拍目までの第1バイオリンの旋律的ドミナント進行は、あきらかにD調（d moll）を感じます。和音連結のドミナント進行は4回。この内d mollのドミナント進行（V_7-I）は3回です。4小節目の増六の和音は属調の属和音（ドッペルドミナント）の第5音（H）を半音下げてBにした和音（第2転回形）です。ドッペルドミナント（$\overset{\circ}{V}$）は次のV_7-Iの終止を強める効果があり、増六の和音の形態にすると、更に強い終止感を与えます。
　和音分析は、ドミナント進行を探すだけのものではありませんが、このように、旋律のドミナント進行、和音連結のドミナント進行を発見するだけで調性判定が楽になります。

Lesson 6-1

次の各旋律は何調か。日本語で答えなさい。

1 (　　　) 2 (　　　) 3 (　　　) 4 (　　　) 5 (　　　)

基本的な課題です。旋律中の変化記号と調号の関係を考えましょう。

Lesson 6-2

次の各旋律は何調か。ドイツ語で答えなさい。

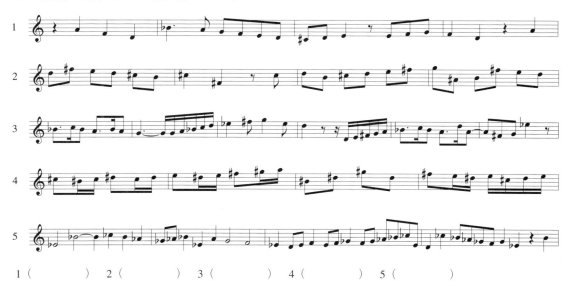

1 (　　　) 2 (　　　) 3 (　　　) 4 (　　　) 5 (　　　)

短調の特徴について復習しましょう。
1.調号と導音の関係。
2.短調特有の進行。
難しく感じた人は、「第3章音階」を復習しましょう。

Lesson 6-3

次の各旋律は何調か。日本語で答えなさい。

1（　　　）2（　　　）3（　　　）4（　　　）5（　　　）

　まず、音階固有音特有の跳躍進行する音をチェックしましょう。次に変化記号に対する増1度の関係にある音を探し、音程の比較、臨時音の進行、固有音と認められる進行について考えます。

Lesson 6-4

次は楽曲の断片である。何調か判断して（　）に記入せよ。（東京音楽大学）

1 (　　　) 2 (　　　) 3 (　　　) 4 (　　　) 5 (　　　)

大譜表の課題は、最低音から見て行きますが、4.の最低音は保続音ですから動向だけでは判断できません。しかし、保続音は多くの場合、主音か属音です。また、最高音の半音階進行に注意しましょう。

Lesson 6-5

次の楽譜はベートーヴェンのピアノソナタの冒頭です。A,B,Cの各部分の調をドイツ調名で答えなさい。

A (　　　) B (　　　) C (　　　)

和音連結の中から、完全終止や偽終止の部分を探しましょう。右手の旋律だけを見ていると平行調と間違えそうな所があります。必ず、最低音から見て、次に和音を考えるようにしましょう。

Lesson 6-6

次の楽譜について記述した文があります。（イ）〜（チ）に下欄1〜16から適当な語句を選び、その番号で答えなさい。（国立音楽大学）

　この楽曲の出発調は（イ）です。9〜12小節は、近親調である（ロ）へ転調しています。9〜16小節においては♭、♯および♮が用いられています。これらを（ハ）と言います。13、15小節の♭は幹音を半音（ニ）し、9小節の♯は幹音を半音（ワ）します。16小節の♮は（ヘ）の効力を消去するための記号です。この小節の歌のパートは、変ト音ですが、伴奏のパートには嬰ヘ音が記譜されており、このような音の関係を（ト）と言います。17小節以降は、この性質を利用して、遠隔調である（チ）へ転調させています。

1. ロ長調　　　2. ト長調　　　3. 嬰ヘ長調　　　4. ト短調　　　5. 変ホ長調
6. 変ロ長調　　7. ひろく　　　8. 高く　　　　　9. せまく　　　10. 低く
11. 変化記号　 12. 調号　　　 13. 拍子記号　　 14. 倍音　　　 15. 異名同音
16. 半音階的半音

（イ）＿＿＿　（ロ）＿＿＿　（ハ）＿＿＿　（ニ）＿＿＿　（ホ）＿＿＿　（ヘ）＿＿＿　（ト）＿＿＿　（チ）＿＿＿

Lesson 6-7

（A）次の各楽曲の断片の調性をドイツ調名で答えなさい。

（B）次の各楽曲の断片の調性を日本語で答えなさい。

（C）次の各楽曲の断片の調性をドイツ調名で答えなさい。

（D）次の各楽曲の断片の調性を日本語で答えなさい。

（E）次の各楽曲の断片の調性をドイツ調名で答えなさい。

F10

（G）次の各楽曲は転調しています。前半と後半の調をドイツ調名で答えなさい。〈例　C dur → G dur〉

Lesson 6-8　次の各教会旋法による楽曲の旋法名を答えなさい。

Marenzio

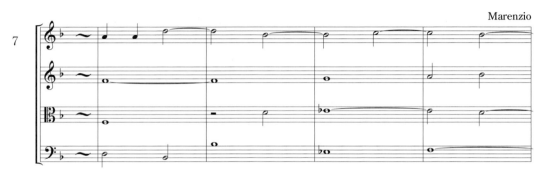

Victoria

Carlo Gesualdo da Venosa

Giulio Caccini

模 範 解 答

Lesson 6-1
1（変イ長調）　2（ホ長調）　3（変ロ長調）　4（ロ長調）　5（変ニ長調）

Lesson 6-2
1（d moll）　2（h moll）　3（g moll）　4（cis moll）　5（es moll）

Lesson 6-3
1（ハ長調）　2（ホ短調）　3（イ長調）　4（ヘ長調）　5（変ロ短調）

Lesson 6-4
1（ト短調）　2（ニ長調）　3（嬰イ短調）　4（変ニ長調）　5（ハ短調）

Lesson 6-5
A（h moll）　B（G dur）　C（e moll）

指定された範囲の調性を答える時は、最後の部分を見て決定します。多声部の楽曲の時は、V_7-I を探すとわかりやすいでしょう。

Lesson 6-6
（イ）6　（ロ）4　（ハ）11　（ニ）10　（ホ）8　（ヘ）12　（ト）15　（チ）1

Lesson 6-7

（A）
A01. F dur　　A02. g moll　　A03. D dur　　A04. a moll　　A05. B dur　　A06. g moll　　A07. D dur
A08. Es dur　　A09. F dur　　A10. Es dur

（B）
B01. ハ長調　　B02. 変ホ長調　　B03. ニ短調　　B04. ホ長調　　B05. ロ短調　　B06. ト長調　　B07. ハ長調
B08. ハ短調　　B09. ト長調　　B10. 嬰ヘ短調

（C）
C01. F dur　　C02. C dur　　C03. d moll　　C04. A dur　　C05. b moll　　C06. h moll　　C07. D dur
C08. h moll　　C09. G dur　　C10. fis moll

（D）
D01. 変ロ長調　　D02. イ長調　　D03. ト短調　　D04. 変ホ長調　　D05. 変ニ長調　　D06. 嬰ハ短調　　D07. ハ長調
D08. イ短調　　D09. 変ニ長調　　D10. ヘ短調

（E）
E01. as moll　　E02. G dur　　E03. g moll　　E04. b moll　　E05. fis moll　　E06. E dur　　E07. a moll
E08. h moll　　E09. B dur　　E10. c moll

（F）
F01. ロ長調　　F02. イ短調　　F03. ハ長調　　F04. イ短調　　F05. ト長調　　F06. ヘ短調　　F07. ハ長調
F08. ホ短調　　F09. ハ長調　　F10. ニ短調

（G）
G01. C dur → a moll　　　　G02. F dur → g moll　　　　G03. Es dur → As dur　　　　G04. C dur → As dur
G05. Es dur → A dur　　　　G06. c moll → Es dur　　　　G07. d moll → D dur　　　　G08. D dur → C dur
G09. C dur → Es dur　　　　G10. gis moll → H dur

Lesson 6-8

1　ドリア旋法　　2　フリギア旋法　　3　リディア旋法　　4　ミクソリディア旋法
5　ドリア旋法　　6　エオリア旋法　　7　ドリア旋法　　8　イオニア旋法
9　エオリア旋法　　10　ドリア旋法

第7章 THEORY

【1】調号、臨時記号の効力について

楽譜の基本中の基本である調号と臨時記号の効力を復習しておきましょう。
調号と臨時記号では、以下のような効力の違いがあります。
調号は全ての高さの音に有効ですが、臨時記号は小節内の完全1度（同度）の音だけに有効です。また、タイで結ばれた次の小節の同度に対しては有効ですが、2回目以降に出る同度には無効です。

下は同じ旋律を臨時記号で記したものです。ナチュラル（本位記号）は、なるべく次の小節の本位音までは付けるようにしましょう。

【2】移調の分類

移調には、大きく分けると2つの設問形式があります。
1. 臨時記号を用いて移調する。
2. 調号を用いて移調する。

1.の臨時記号を用いる方法は音程問題をすばやくこなす能力があれば比較的簡単に移調できます。しかし、2.の調号を用いる方法は、何調から何調へ移調するのかを把握できないと解答できません。
次に、移調の対象となる（元の）楽曲も2つの与え方があります。
A. 臨時記号を用いた楽曲（多くの場合、調性を判定する必要がある。）
B. 調号を用いた楽曲

先の2つの設問形式と、2つの楽曲の与え方の組み合わせにより、4種類の移調問題が成立することになります。
A1. 臨時記号を用いた楽曲を臨時記号を用いて移調する。
A2. 臨時記号を用いた楽曲を調号を用いて移調する。
B1. 調号を用いた楽曲を臨時記号を用いて移調する。
B2. 調号を用いた楽曲を調号を用いて移調する。

以上、移調には4通りの出題形式があります。最初に、どの方式にも共通する基本的な事を説明します。

1. 与えられた元の楽曲（以降、原曲と呼ぶ）の中の臨時音に↑↓印を付ける。

原曲の調性を把握できたら、すぐに臨時音（音階固有の音ではない音）に矢印を付けます。半音高い臨時音には↑印を、半音低い臨時音には↓印を付けます。これを実行するとケアレスミスを90％以上防ぐことができます。なお、原曲の中で臨時音から元の音階音に戻る音にチェックマークを付しておくと、さらにミスを防ぐことができるでしょう。

２.原曲に付けられた記号（演奏に係わる各種記号）は全て写す。

　音符だけ移調しても移調譜の完成ではありません。記号類もすべて書き写して初めて移調の完成なのです。もともと移調は「パート譜」を書くための基礎訓練なのです。管弦楽や吹奏楽のパート譜を作るつもりで臨みましょう。

　※入試問題の中には、楽譜中に「音程問題等のための記号・番号」や「ピアノの運指番号」のような、直接音楽に関係のない記号が書き込まれているものがありますが、これらは移調時に書き写す必要はありません。

Ａ１.臨時記号を用いた楽曲を臨時記号を用いて移調する。

　例題　与えられた旋律を短３度高く臨時記号を用いて移調しなさい。

A2. 臨時記号を用いた楽曲を調号を用いて移調する。

この出題方式は調性判定を伴うので難しい移調と云えるでしょう。調性判定の詳細は第6章を読みましょう。
例題　次の楽曲を増2度低く調号を用いて移調しなさい。

この旋律は○印の音と、減7度跳躍からcis mollと判定できる。調号
調性が判ったら、調号以外の音にマークを付ける。

原曲の調の主音と、移調先の調の主音を確認する。

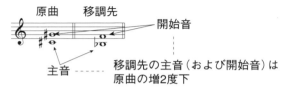

移調先は、原曲の調（嬰ハ短調）の増2度下の変ロ短調になる。
原曲の中のマークと同じ部分に同様のマークを付けて確認する。

強弱・発想記号などを正確に写す。

　この楽曲はcis mollです。cis mollの調号に該当する音以外の派生音に矢印を付けましょう。
　原曲の調の主音と移調先の調の主音の音程を確認します。「増2度低く・・・」ですから移調先の主音はBになります。ですから、b mollに移調することになります。
　原曲の曲頭の音が音階の何番目の音であるかを確認します。この曲では第5音（属音）から始まっていますので、移調先もb mollの属音（F）から書き始めます。
　音符を全て書き移したら、原曲に付けた矢印の音を比較します。

B１. 調号を用いた楽曲を臨時記号を用いて移調する。

　これは比較的簡単な移調です。移調先は臨時記号を用いますが、まず、調号に該当する音に臨時記号を付け、それから原曲に付けた矢印の音に該当する音に臨時記号を付ければほぼ完成です。ここでも３回以上見直すことを忘れないこと。

　例題　次の旋律を１オクターヴと減５度高くソプラノ譜表上に臨時記号を用いて移調しなさい。

　最初に与えられた旋律が、調号通りの調であるか否か判定します。
　音階固有音以外の変化音にマークを付けます。そして、１オクターヴと５度上に各音を移しますが、このとき、ハ音記号の絶対音高に注意しましょう。
　移調先の調は、ホ長調の減５度上ですから、変ロ長調になります。変ロ長調の調号に相当する音に♭を付けます。そして、原曲に付けたマークと同じ部分にマークを付けて変化音を確認します。
　最後はフレーズや記号を正確に書き写して完成です。

B2. 調号を用いた楽曲を調号を用いて移調する。

例題　次の楽曲の最高音が１点嬰ト音となるよう、アルト譜表上に調号を用いて移調しなさい。

　まず、原曲の調性を判定しましょう。ここでは調号と調は関係が無いことに注意しましょう。次に最高音を確認して移調先の「１点嬰ト音」との音程を把握しましょう。そして原曲の主音と移調先の主音を確認します。今まで学習した方法は、ケアレスミスを防ぐために全ての行程を示しましたが、受験では限られた時間内に完了しなければなりません。数多くの問題をこなして、行程を短縮しても正確に移調できるようにしましょう。

【3】移旋

　楽曲を構成する音階（長音階、短音階、各種教会旋法等）を性格の異なる音階に置き換えることを移旋と呼びます。楽曲全体を移旋することはありませんが、ソナタ形式やフーガ等規模の大きな形式による楽曲では必ず移旋が行われます。

　次の楽譜はBeethovenのSonate Op.49.No.1の提示部の途中と、再現部の第2主題です。基本的なソナタ形式では、第1主題が主調で出現するのに対して第2主題は属調（長調の曲の場合）、平行調（短調の曲の場合）になります。再現部では、長調、短調のどちらも第2主題は主調で再現されます。

短調のソナタ形式の第2主題は、提示部では長調ですが、再現部では短調（主調）になるため、移旋が必要となります。

次の譜例は、Bach平均律曲集の第2番のFugaです。フーガにおいては1つの（あるいは複数の）テーマが全ての声部に現れます。しかも様々な調を経過するため、移旋が必要となるのです。

冒頭の主要提示部ではハ短調だったテーマが、平行調提示部で変ホ長調で出現します。

長調←→短調の移旋では、特別な規則はありません。基本的に第3音（中音）が長調の特徴音か、短調の特徴音であるかだけ注意しましょう。和声短音階、旋律短音階が混合してもかまいません（ただし、設問文に「和声短音階で・・」「旋律短音階で・・」という指示があるときは、指示に従うこと）。

コラム　コンデンススコア

オーケストラや室内楽のスコアをピアノ譜（大譜表）や3段譜に書き換えた楽譜をコンデンススコアと呼びます。近年の入試問題にコンデンススコアを含む課題が増えてきましたので、スコアの簡略化について説明します。

オーケストラのスコアは、全楽器のパート譜を網羅しているため音の数が多く、曲全体を把握するのが容易ではありません。しかし、古典楽曲ではどんなに音数が多くても骨格となる和音は、三和音〜五和音の単純な構成で、しかもいくつかのパートが同じ旋律になっていますから要約すればピアノで演奏できる楽譜になります。下の譜例は、最下段の大譜表がコンデンススコアです。

最初にメロディーと最低音（Bass声部）を大譜表に書き写します。次にスコア中の和音を判別しピアノで演奏できる形態にして内声を埋めます。伴奏形は楽曲のイメージに近い形にします。対位法楽曲では、全声部中のメロディー（テーマ）は必ず写さなければなりませんが、テーマ以外の部分はピアノで演奏可能な程度に書き写しておけば良いでしょう（第2テーマや応答唱は必要です）。

Lesson 7

Lesson 7-1 （神戸女学院大学）

A. 次の旋律はそれぞれ何調ですか。

4)（3）の旋律を減5度低くバス譜表上に移調しなさい。

調性判定を伴う課題です。変化音と増1度の関係にある音の動向を比較すれば判定できるはずです。移調は「調号を用いて‥」「臨時記号を用いて‥」の指示がないのでどちらでもよいでしょう。

Lesson 7-2

下記の楽曲Aを譜表Bで指定された調へ移調しなさい。

原曲の調性が判らなくても移調できますが、臨時音の部分の変化記号・本位記号を間違えないようにしましょう。

Lesson 7 - 3

次の旋律を高音部譜表上に減4度低く調号を用いて移調せよ。

この課題は調性判定を伴います。原曲の調と移調先の調の音程と、原曲の開始音と移調先の開始音をしっかり把握しましょう。

Lesson 7 - 4 （京都市立芸術大学）

次の楽譜を短3度上方に移調して、解答用紙の大譜表に調号を使わずに記せ。

原曲中に変化記号や本位記号がたくさん含まれています。最初に調号と各音の比較を行って下さい。確実な方法は、原曲の調号に当たる音全てに♯を書いておくことです。

移調後の見直しは、原曲の和音と移調後の和音の種類を比較する方法がよいと思います。

Lesson 7　模範解答

Lesson 7 - 1

1) ヘ短　2) 嬰ヘ長　3) ト短

4)

2) は全体を歌った感じは嬰ヘ短調ですが、最後の小節のAis音が固有音の進行をしていますから嬰ヘ長調です。

Lesson 7 - 2

Lesson 7 - 3

Lesson 7 - 4

第8章 THEORY 楽語・記号

【1】演奏記号

1.繰り返し記号

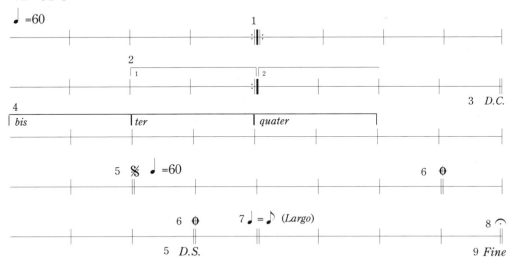

♩ = n		1分間に演奏する拍数を示します。 ♩ = ca 120 のように、ca（circa）が付加されるときは、「おおよそ〜の速度で」という意味になります。
1	‖: :‖ (replica)‖:	マークから :‖ までの間を反復して演奏します。曲頭の ‖: は、通常省略されます。なお、D.C.やD.S.によって反復する部分にreplicaが含まれるとき、繰り返しにおいてはreplicaは省略されます。
2	1. (2.)	volta, replicaによって反復するフレーズの最後の部分が異なるときにvoltaを用います。1回目の反復はprima volta、2回目はseconda voltaと呼びます。
3	D.C. da capo	「曲頭に戻って」「始めから」という意味。繰り返し時にはrepricaやvoltaは省略します。
4	bis	全く同じ短いフレーズが連続する時に用いる記号です。bisは2回、terは3回、quaterは4回繰り返します。なお、これらはD.C.やD.S.によって繰り返すときも省略されません。
5	D.S. 𝄋	dal segno（D.S.）はsegno（記号 𝄋 ）に戻って演奏するという意味です。
6	⊕ coda	codaは、D.C.やD.S.によって繰り返された時に、最初のcoda markから2つ目のcoda markへ進んで演奏します。
7	♩ = ♪	前の小節の八分音符と後続小節の四分音符が等しい速度となるよう、Tempoを変更します。基本的に、『＝』の前が後続小節、後が前小節の音価です。 ※稀に『＝』の前が前小節、後が後続小節の楽譜があります。
8,9	⌢ Fine	曲の最後を示します。実際にはフェルマータ記号かFineのどちらかを使用します。

2. 装飾記号等

装飾記号の演奏法は、時代や様式によって様々に変化します。上記譜例の演奏法は最も基本的な例です。

3. 省略記号 ●●●

省略記号も上記の他、様々なものがあります。しかし、そのほとんどはポピュラーミュージックで用いられる記号か、または現在ほとんど使用されないものなのでここでは省きました。

4. L'istesso tempo ●●●●●●●●●●●●●●●●●●●●●●●●●●●●●●●●●●●●●●

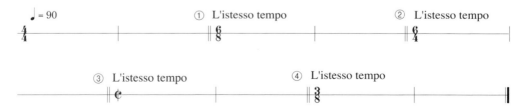

L'istesso tempoは、「先行楽節と同じ速さで」という意味ですが、拍子の種類によって音価の捉え方が変わることに注意しましょう。

単純拍子は、基本音価（例えば4分の3拍子ならば四分音符）を速度の基準にします。
複合拍子は、何拍子系の拍子であるのかを考えます。

　　　6拍子→2拍子系 ┐
　　　9拍子→3拍子系 ├（基本音価×3）の音価を基準とします。
　　　12拍子→4拍子系 ┘

上記の譜例では

になります。

5. 演奏時間の算出法

1分間に演奏する拍数（メトロノーム記号）＝n
曲全体の拍数＝x
演奏時間＝t

$$t = \frac{x}{n}$$
＝（答え）整数・・（余り）少数点以下×60（秒）

答えの整数は分を表し、余りの少数点以下に60を掛けた数値は秒を表します。同様に、曲全体の拍数やメトロノーム記号の速度の公式も覚えておきましょう。

〈例題〉

下記譜例中の*L'istesso tempo*の部分の「♩.」の速度をメトロノーム記号で表すとき、どれが適切か。正しい速度を右から選びなさい。

♩=90   *L'istesso tempo*

3/4 ‖ ₵

1．♩.=**60**
2．♩.=**45**
3．♩.=**30**
4．♩.=**20**

L'istesso tempo は拍子系によって基準となる音価が変わります。例えば6拍子は2拍子系なので、基本音価は1小節を2等分する音価、9拍子は3拍子系ですから1小節を3等分する音価が前小節の速度と等しくなります。

さて、この問題は₵ですから、前小節の♩と後続の♩が等しく、"＝90"になります。

では、♩.と♩の違いを考えてみましょう。

ゆえに、♩.の速度は $x = \frac{90 \times 2}{3}$
＝**60**

答え　♩.=60

6. 拍子・リズムとアクセント

a. 上拍・下拍とアクセント

　楽典で学ぶ範囲の音楽では理論上、小節の第１拍に強いアクセントが置かれ、小節の最終拍がもっとも弱くなります。ここで言う強弱は、本来、音圧・音量のことであり、必ずしも強弱とは一致しません。※注

　さて、通常用いられる拍子には、単純拍子・複合拍子・混合拍子等があります。拍子と小節線がある限り、どの拍子も強い拍（アクセント）と弱い拍が周期的に繰返されます。

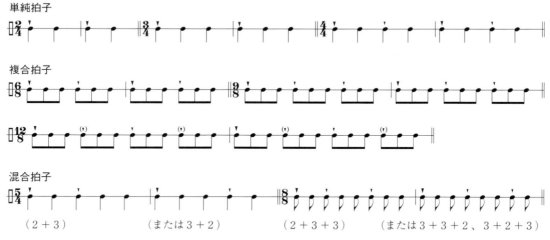

　このように、各小節の１拍目にアクセントがつくことにより、拍節感が強まります。

b. 移勢

　隣り合う拍が同度のとき、タイで結ばれることがあります。この場合は、アクセントが前に移動します。

　移勢の例はコールユーブンゲンにたくさん掲載されていますので、ぜひ学習してください。

c. 不協和音程とアクセント

　単旋律の場合は、上記の説明でほとんど理解できると思いますが、伴奏付きあるいは合唱・合奏など楽曲では、ハーモニーが形成され、そこに協和音と不協和音が生じます。協和音が続くときは上記１．２．と同様ですが、不協和音が生じるところでは、若干アクセントも変化します。

　上記の譜例は、２拍子の２拍目（通常はアクセントを付けない拍）に関わるアクセントの例です。掛留音は移勢に似ていますが、通常アクセントを付けない拍であっても拍点外に掛留音の予備音があるときも、若干アクセントが付きます。経過音にアクセントが付くことは殆どありませんが、拍点に置かれた経過音は、倚音と同様の響きになりますので、少しアクセントが付きます。倚音は通常、拍点に置かれますから、アクセントが付きます。

※注　本来 "f, p" は音圧・音量の大小を示す記号であり強弱ではありません。

d．ヘミオラ

　ヘミオラは"2：3"を意味します。中世（ルネッサンス）の合唱音楽にも、シラブルの持つリズムを生かすためのヘミオラは存在しましたが、現在の楽譜とは異なるので把握し難く、器楽が発達したバロックの頃から周回リズムの楽譜になり、ヘミオラが目立つようになりました。

　もっとも基本的なヘミオラは3拍子の楽曲の2小節の中に等価の音符を3個置くことにより、基本音価が拡大されて聞こえます。

　最終拍から次の小節の1拍目にかけてのタイは通常アクセントが付きます（移勢）。ヘミオラではヘミオラの最初の音符にアクセントを付けて他の拍には付けないか、または、全ての音にアクセントを付けて強調します。

e．連符とアクセント

　連符には、各拍に収まるものと、次拍にまたがるものがありますが、多くの場合、後者はアクセントの位置が変化します。

　古典派以降、数字を用いた連符を自在に用いるようになってからは、ヘミオラの発展形とも言える3：4も多用されるようになりました。上記譜例Aのように、上声部と下声部あるいは伴奏がそれぞれ別の拍子で演奏する錯覚を覚えます。受験では譜例Bのように上下の拍点の位置を分かり易く書き換える問題も増えてきました。最小公倍数の音価を考えるとよいでしょう。なお、下記のような記譜法もあります。

　拍子・リズムとアクセントの関係は、フレーズによっても変化しますが、これまで述べたことを基本として覚えてください。また、前述の通り、アクセントも単に音の強弱ではなく、音の重み、あるいは音圧と考えてください。単純に強弱を付けると幼稚な演奏になってしまいます。

7. 音楽用語

用語	英語等	説明
振動数	frequency	1秒間における往復振動の数を、Hzという単位で表したもの。
純音	pure tone	倍音を含まないサイン波の音。
楽音	musical tone	音楽の素材となる音で、音高を判断できる音。楽音でない音は噪音とよばれる。
噪音	unpitched sound	様々な倍音を含むため、高さを認識し難い音。
音価	time value	音の長さのこと。
音高	pitch	音の高さのこと。音波の振動数が大きいと高い音となり、小さいと低い音となる。
音程	interval	2つの音の高さのへだたりのこと。2つの音が同時に響く音程を和声的音程、2音がずれて順次に響く音程を旋律的音程という。
音符	note	音価と音高を表す記号。
中央ハ音	middle C	1点ハ音。ピアノの中央のドのこと。
絶対音高	absolute pitch	一定の振動数をもって示すことのできる音の高さ。
幹音	natural tone	♯、♭などの変化記号がついていない音。ピアノの白鍵の音にあたる。
派生音	abgeleitete Töne	幹音に変化記号をつけて半音階的に変化させたもの。
本位記号	natural	ナチュラルのこと。変化記号を取り消し、派生音を幹音に戻す記号。
変化記号	accidental	♯、♭、♮など、音を半音階的に高めたり低めたりする記号。臨時記号。
複縦線	double bar	段落を表したり、拍子や調が変わるときに用いられる等幅の2本線。2本線の右側が太いのが終止線。
拍子	time	一定数の拍の集まりのこと。
単純拍子	simple time	2拍子、3拍子、4拍子など強弱配置の単純な拍子のこと。
複合拍子	compound time	同じ種類の単純拍子がいくつか複合された拍子。3拍子×2で6拍子など。
混合拍子	vermischte Taktart	異なる種類の単純拍子が組み合わさった拍子。2/4+3/4で5/4拍子など。
変拍子	irregular time	拍子の交替、変化。または異なる声部に2つ以上の拍子が同時にあらわれること。
強拍	down beat	小節中の拍子の強部のこと。通常は1拍目が強拍となる。
弱拍	up beat	拍子の弱部。上拍ともいう。強拍の対語。
シンコペーション	syncopation	同じ高さの弱拍部と強拍部が結ばれて、弱拍部と強拍部が逆になるリズムのこと。
弱起	Auftakt	1拍目以外の弱拍から始まる曲のことを弱起の曲という。
不完全小節	incomplete bar	決められた拍数に足りない小節のこと。始めと終わりの小節をあわせて指定の拍数となる。
ポリリズム	Polyrhythm	異なる種類のリズムを対照的に、複数の声部で同時に組み合わせる方法。
倍音	harmonic overtone	基音の振動数に対して、整数倍の振動数をもつ上音のこと。
協和音程	consonant interval	2音の振動数の比が簡単な整数になる音程。完全協和音程‥完全1、8、5、4度。不完全協和音程‥長3、6度、短3、6度。
不完全協和音程	imperfect consonant interval	長3度、短3度、長6度、短6度のこと。協和音程の中の完全協和音程と対立するもの。
不協和音程	dissonant interval	2音が不協和の状態をなす音。協和音程以外の音すべて。
音階固有音	Leitereigenerton	ある調に固有の音。音階構成音。
五音音階	pentatonic scale	5つの音で構成される音階。
転調	modulation	楽曲の途中で調が変わること。

用語	英語/外国語	説明
経過的転調	passing tone	転調が遠隔調にむかって行われる場合に、途中いくつかの調を通って転調すること。
遠隔調	remote keys	近親調や準近親調以外の、調号上遠く離れた調のこと。
移調	transposition	楽曲全体または一部分を、一つ一つの音程関係は変えずに、音の高さのみ上下に移すこと。
移調楽器	transposing instrument	管楽器などで、実際に演奏される音とは異なる調、または音域で記された楽譜を必要とする楽器のこと。
異名同音	enharmonic	CisとDesのように記譜上は異なるが、同じ音のこと。
異名同音変換	enharmonic change	たとえばa mollのIII度の和音であるC-E-GisをAs-C-Eと読み変えて、f mollのIII度とすること。
三和音	triad	ある音を根音としてその上に3度ずつ2つの音を重ねた和音のこと。下から根音、第3音、第5音と呼ぶ。長三和音、短三和音、増三和音、減三和音がある。
完全終止	perfect cadence	V-Iの終止において、属和音が基本形で用いられ、かつ主和音は上声が導音に導かれた主音で終止し、終止感がもっとも強い終止のこと。
正格終止（完全終止）	authentic cadence	属和音が主和音に解決する終止のこと。IV-I（第2転回形）-V7-Iを完備した形とする。
半終止	half cadence	属和音に停留し、解決への期待を先へつなぐ効果をもつ終止。
偽終止	deceptive cadence	V-VIのように属和音が主和音へ続かずに、解決への期待をもたせる終止のこと。
変格終止	plagal cadence	IV-Iの終止。正格終止のあとにつけられることが多い。
アーメン終止	amen cadence	変格終止。下属和音から主和音に解決するIV-Iの終止の形で、賛美歌ではこの部分で「アーメン」が歌われる。
男性終止	masculine cadence	リズムによる終止形で、強拍上の和音に終わる終止のこと。
女性終止	feminine cadence	弱拍上の和音で終止すること。
ピカルディ終止	picardy cadence	短調において、最後に同主長調のIで終止すること。
変化和音	altered chord	固有和音に対して、半音階的に変化した音を1つまたはそれ以上含む和音のこと。
借用和音	borrowed chord	転調せず、他調の固有和音を一時的に借りてくること。V,IV,VI度調の属七の和音が借用されることが多い。
ナポリの六	neapolitan sixth	短調のIIの和音の根音を半音下げて長三和音とし、これを第1転回形にした和音。
伴奏	accompaniment	旋律である主要声部以外で、旋律の拍子や和声構造をはっきりとさせるすべての音のこと。
分散和音	broken chord	和音の各音を分散させて順次に奏すること。
非和声音	nonharmonic tone	和音外の音で、和音構成音に関連している音のこと。掛留音、倚音、刺繍音、経過音、逸音などがある。
前打音	vorschlag	倚音ともいう。旋律中の音符の前に小さな音符でつけられる装飾音。
後打音	nachschlag	トリルの終わりに奏される2音。
先取音	anticipation	和音構成音の1音が、先行和音において拍の弱部に和音外音として前打されるとき、その先行前打音をいう。
刺繍音	broderie	和音構成音の2度上または下を回帰的に装飾する和音外の音。
倚音	appoggiature	和音構成音の2度上か下で、拍の強拍に不協和な状態をつくる和音外の音。
逸音	echappée	弱拍部の非和声音の1つ。順次進行によって和音構成音に続き、跳躍進行によって次の和音構成音に到達する。
経過音	note de passage	非和声音の一種で、和音構成音の間を上行または下行によりうめる和音外の音のこと。
掛留音	retard	和音構成音の2度上にある非構成音で先行和音より保留され、いったん不協和な状態をつくる音のこと。

日本語	原語	説明
保続音（持続音）	Orgelpunkt, pédale	オルガンの持続低音から始まった、他声部の和音変化にかかわりなく延ばされる音。
反復進行	sequence	短い句が、楽曲中に何度か音の高さを変えて同型反復されること。
反行	contrary motion	2声部が互いに逆の方向へ動いて行くこと。
動機	motif	動機や楽節を形成する部分要素の最小単位のこと。
楽節	phrase	楽曲を構成する最小単位の動機を組み合わせたもの。通常4小節の単位になる（小楽節）。なお、8小節を大楽節という。
楽段	period	完結性をもつ、形式上の最小単位。1,2,3部形式の各部分がこれにあたる。
楽段	phrase	文章の句読点のようにひとまとまりで区切られる楽句のこと。
一部形式	one part form	4小節の前楽節と後楽節で構成される8小節の形式。童謡や民謡に多くみられる形式。
二部形式	binary form	A-Bからなる形式。
三部形式	ternary form	A-B-A'からなる形式。各部分はそれぞれで完結している。
複合2部形式	compound binary form	2部形式A-BのAとB自体が2部または3部形式をなしている構造のこと。
複合3部形式	compound ternary form	3部形式のA-B-AのAおよびBそれ自体が2部あるいは3部形式をなす構造のこと。
循環形式	cyclic form	1つあるいはそれ以上の主題が全楽章に現れ、統一的に作曲される形式。
ソナタ形式	sonata form	提示部・展開部・再現部からなる形式。通常2つ以上のテーマをもつ。
提示部（呈示部）	exposition	ソナタ形式等における最初の部分。楽曲の主題類の素材を呈示する部分のこと。
主題	theme	楽曲形成の基礎となり、作品の意図をずばり表した音楽形態のこと。
第1主題	first theme	ソナタ形式等における2つの主題のうちの1つ。
推移	transition	楽曲中で、ある部分から他へ移行する経過的な部分のこと。
挿句	episode, bridge	エピソード。間奏の意味。主題部分の間に入れられる楽句。
副主題	accessary theme	主要主題の働きを助ける機能をもつ主題。
第2主題	second theme	ソナタ形式等における2つの主題のうちの1つ。
展開部	development	ソナタ形式における中間部分。提示された主題や素材を発展させる部分のこと。
再現部	recapitulation	ソナタ形式等における最後の部分。ここでは第2主題も原調で現れる。
終結部	coda	楽曲または楽章の終わりに、それまでの経過を回顧し、しかも終結感を強めるべく付加される部分。
対位法	counterpoint	複数声部の旋律を、それぞれが等しく独立性を保つように書く技法のこと。
カノン	canon	先行声部の旋律を後続声部が忠実に模倣する作曲技法。
フーガ	fuga	1つあるいは複数のテーマが全ての声部に転調を伴いながら出現する対位法楽曲。
対旋律	counterpoint	主旋律の和音・リズムを補いつつ、独立した旋律線をもつ。
固執低音	basso ostinato	低音部で同一音型を繰り返すこと。
様式	style	時代や宗教等の環境を芸術に反映すること。作曲法や演奏法に浸透する。
示導動機	Leitmotiv	特定の動機が、ある人物、想念等を象徴する役割を担い、全楽章に変化を伴いながら循環し、展開と統一を果たす方法。

用語	英語・原語	説明
固定楽想	idée fixe	循環原理を文学的意図で用いたもの。ベルリオーズは主人公の恋人をあらわす楽想を、変化させつつ全楽章に循環させた。ワーグナーが用いたものはライトモティーフという。
有節歌曲	strophic song	定型詩による各節が、同じ旋律を反復するように作曲された歌曲。
唱歌形式	liedform	基本的な2部形式、3部形式のこと。ピアノ曲に多くの例がみられる。
変奏（曲）	variation	主題や素材にさまざまな方法で変化を加えること。変奏に依存している音楽形式を変奏曲という。
練習曲	étude	技術の向上のための曲。ショパンのエチュードのように練習にとどまらず、芸術的にも高いものもある。
夜想曲	nocturne	分散和音の伴奏の上に表情豊かな旋律をもつ。ショパンのものが有名。
トリオ	trio	三重奏。メヌエットやスケルツォの中間部分。
トリオソナタ	trio sonata	バロック時代の形式の一つ。三声部の対位法楽曲であるが、実際には四人の奏者で演奏される。
ピアノ三重奏	piano trio	ピアノ、チェロ、ヴァイオリンによる重奏のこと。
弦楽三重奏	string trio	ヴァイオリン、ヴィオラ、チェロの3つの弦楽器による室内楽。
弦楽四重奏	string quartet	ヴァイオリン2、ヴィオラ、チェロの4つの弦楽器による室内楽重奏で、室内楽の代表的な形態。
四重唱（奏）	quartet	4人の重唱（または重奏）。重奏には弦楽四重奏、ピアノ四重奏、フルート四重奏、管楽四重奏などがある。
五重唱（奏）	quintet	ソプラノ2、アルト、テノール、バスの5人による重唱のこと。五重奏には、弦楽五重奏、ピアノ五重奏、管弦五重奏などがある。
ピアノ五重奏	piano quintet	ピアノ＋4つの弦楽器のアンサンブル、およびその音楽のこと。
弦楽五重奏	string quintet	ヴァイオリン2、ヴィオラ2、チェロ1の5つの弦楽器による室内楽。
鍵盤楽器	keyboard instrument	ピアノ、チェレスタ、オルガン、チェンバロ、クラヴィコードなど鍵盤をもつ楽器。
組曲	suite	舞曲の性格をもった楽曲が組み合わされた多楽章形式のこと。
協奏曲	concerto	かつては楽器伴奏付きの声楽曲。器楽のためのコンチェルトは合奏協奏曲（コンチェルト・グロッソ）と呼ばれた。
弦楽合奏	string orchestra	弦楽器のみによる合奏。ヴァイオリン2部、ヴィオラ、チェロ、コントラバス各1部による編成。
交響曲	symphony	管弦楽のために書かれた多楽章からなるソナタ。
三全音	tritone	3個の全音の積み重ねで増4度を指す。
二重	doppio	2倍に重ねるという意味。ドッペルドミナントは属調の属和音。Doppio Canon は二重カノン。
微分音	microtone	半音より狭い音程幅の音。平均律以外の音律には微分音を含む場合がある。
ヘミオラ	hemiola	2：3の比率。リズムにおいては、3拍子のアクセントを2連符により2拍子のアクセントにする。
メトロノーム速度	M.M.	メトロノームによる速度表示。速度を1分間の拍数によって決定する。
協和（音）	consonance	協和する音程や和音のこと。
不協和（音）	dissonance	不協和音程や不協和音のこと。
下拍	down beat	小節の1拍目。指揮するとき、各小節の1拍で棒を振りおろすことから下拍と呼ばれる。
上拍	up beat	小節の最終拍。2拍子の2拍目、3拍子の3拍目で指揮棒を振り上げて次の下拍の準備をする。

楽語アルファベット順

《A》

a battuta	伊語	拍子に合わせて
a bene placito	伊語	自由に
a capriccio	伊語	自由に
a piacere	伊語	自由に
a tempo	伊語	もとの速さで
accelerando [accel.]	伊語	次第に速く
accentato	伊語	各音を強調する
accento	伊語	各音を強調する
ad libitum [ad lib.]	伊語	自由に
adagietto	伊語	アダージオよりやや速く
adagio	伊語	ゆるやかに
affannato	伊語	悲しげに
affettuoso	伊語	愛情を込めて
affrettando	伊語	急いで
agitato	伊語	激して、せきこんで
agogik	独語	厳格なテンポ、リズムに微妙な変化をつける
al	伊語	〜まで
al fine	伊語	終りまで
all'ottava [8va]	伊語	オクターヴで
all'ottava alta	伊語	1オクターヴ高く
all'ottava bassa	伊語	1オクターヴ低く
alla	伊語	〜風に
allargando	伊語	次第に遅くすると共に次第に強く
allegramente	伊語	快活に
allegretto	伊語	やや速く
allegro	伊語	速く、快速に
amabile	伊語	愛らしく
amore	伊語	愛、情熱
amorosamente	伊語	愛情を込めて
amoroso	伊語	愛情豊かに
ancora	伊語	再び
andante	伊語	歩くような速さで
andantino	伊語	アンダンテよりやや速く
anima	伊語	生命、生気、精神
animato	伊語	生き生きと
animé	仏語	元気な、速く
appassionato	伊語	熱情的に
appoggiatura	伊語	前打音、旋律的装飾音
arco	伊語	弓で
ardente	伊語	燃えるように
aria	伊語	アリア、詠唱
arietta	伊語	小さなアリア
arioso	伊語	歌うように
armonioso	伊語	調和のとれた響きで
assai	伊語	きわめて、非常に
assez	仏語	かなり、はっきり、十分に
attacca	伊語	休み無く次をはじめる
attack	英語	出だしを明確に
ausdrucksvoll	独語	表情豊かな
avec	仏語	〜をもって
avec sourdine	仏語	ミュート（弱音器）を使用

《B》

ballando	伊語	踊るように
ben (e)	伊語	十分に、正しく
berceuse	仏語	子守歌
bewegt	独語	動いて、中庸に
bravura	伊語	勇敢、熟練、大胆
breit	独語	幅広くゆるやかに
brillante	伊語	華やかに
brio	伊語	生気、快活

《C》

calando	伊語	次第に遅くすると共に次第に弱く
caccia	伊語	狩りの歌
calma (calmo)	伊語	静穏
calmando	伊語	静かに、穏やかに
calmato	伊語	静かに、穏やかに
calore	伊語	熱情、興奮
cantabile	伊語	歌うように
cantando	伊語	歌うように
capriccio	伊語	奇想曲、気まぐれ、自由に
capriccioso	伊語	気まぐれに
cédez	仏語	だんだん遅く、ゆっくり
circa	伊語	およそ
coda	伊語	結尾部
col legno	伊語	弓の木部で
coll'ottava alta	伊語	1オクターヴ高い音を同時に奏する
coll'ottava bassa	伊語	1オクターヴ低い音を同時に奏する
colla	伊語	〜に従って
colla parte	伊語	声部に従って
colla voce	伊語	声部に従って
come	伊語	〜のように
comodo	伊語	気楽に、適当な速度で
con	伊語	〜をもって
con allegrezza	伊語	快活に
con amore	伊語	愛情をもって
con anima	伊語	生気をもって
con bravura	伊語	すばらしく達者に、大胆に
con brio	伊語	生き生きと
con calore	伊語	熱情を込めて
con energia	伊語	精力的に、力強く
con espressione	伊語	表情豊かに
con fuoco	伊語	熱情を込めて
con grazia	伊語	優美に
con leggerezza	伊語	軽快に
con malinconia	伊語	憂うつに
con moto	伊語	動きをもって、活発に
con passione	伊語	熱情を込めて
con pedale	伊語	ペダルを自由に使って
con sentimento	伊語	感情を込めて
con sordino	伊語	弱音器を使用する
con spirito	伊語	活気をつけて、元気に
con tenerezza	伊語	優しく
con tutta la forza	伊語	全力で
corda	伊語	弦
counterpoint	英語	対位法
crescendo [cresc.]	伊語	次第に強く

《D》

détaché	仏語	分離して
da	伊語	〜から、〜より
da capo al fine	伊語	最初から終わりまで
da capo [D.C.]	伊語	最初から

dal segno al fine	伊語	記号（センニョ）に戻ってfineで終結		gedehnt	独語	のばされた、テヌート
dal segno [D.S.]	伊語	記号に戻ってfineまたは⌒で終わる		gemendo	伊語	苦しげに、うめくように
deciso	伊語	決然と、はっきりと		Generalpause [G.P.]	独語	全休止
declamato	伊語	叙唱		gigue	仏語	3拍子、6拍子の英国起源の非常に速い踊り
decrescendo	伊語	次第に弱く				
del	伊語	～の		giocondo	伊語	おどけて、楽しく、陽気な
delicato	伊語	繊細に		giocoso	伊語	おどけて、楽しく、陽気な
delicatamente	伊語	繊細に		gioioso	伊語	陽気に
delizioso	伊語	魅惑的に、甘美に		gioviale	伊語	楽しい、快活な
di	伊語	～の		giusto	伊語	正確な
diminuendo [dim.]	伊語	次第に弱く		glissando	伊語	滑るように
dolce	伊語	柔らかに		gracieux	仏語	優雅な、優美に
dolente	伊語	悲しげに		grandioso	伊語	壮大に、堂々と
doloroso	伊語	悲しげに		grave	伊語	重々しく
doux	仏語	柔和に、甘い		grazia	伊語	優雅、優美
				grazioso	伊語	優美に、優雅に
《E》				《H》		
e	伊語	～と～、そして		heftig	独語	激しい
eco	伊語	反響		《I》		
ed	伊語	そして				
effettuoso	伊語	効果的に		il più	伊語	もっとも
einfach	独語	単純な		im zeitmass	独語	初めの速さで
elegante	伊語	優雅に		in tempo	伊語	正確な速さで
elegiaco	伊語	悲しげに		innig	独語	心からの、親密な、情愛深い
empfindung	独語	表情、感情		innocente	伊語	無邪気な、素朴な、純潔な
en allant	仏語	動いて		～ino	伊語	やや～に
en dehors	仏語	外へ、際立たせて		interval	英語	間隔
energia	伊語	力、勢い、活力		intimo	伊語	親密な
energico	伊語	精力的に、力強く		～issimo	伊語	きわめて～に
eroico	伊語	英雄的に		istesso	伊語	同じ
espressione	伊語	表情				
espressivo	伊語	表情豊かに		《K》		
et	仏語	そして		kräftig	独語	強い、力強く、たくましい
etto	伊語	やや～に		《L》		
etwas	独語	幾分、少しばかりの				
expressif	仏語	表情豊かな		lacrimoso	伊語	涙もろい
				ländler	独語	3拍子の田舎の踊り
《F》				léger	仏語	軽い
fermata	伊語	拍子の運動を停止する		L'istesso tempo	伊語	先行楽節と基本音価が同速
feroce	伊語	粗野に		la	仏語	定冠詞（＝the）
fine	伊語	終わり		lamentabile	伊語	哀れな、痛ましい
fliessend	独語	流れるような、流暢な		lamentoso	伊語	哀れな、痛ましい
flatterzunge	独語	舌を震わせる特殊奏法		langsam	独語	遅く、ゆっくりと
force	仏語	強さ、力		larghetto	伊語	largoほど遅くなく、largoよりもやや速く
forte [f]	伊語	強く				
fortissimo [ff]	伊語	ごく強く		largo	伊語	幅広くゆるやかに
forza	伊語	力		lebhaft	独語	活発な、元気な
forzato	伊語	急に強いaccentoを付けて		legato	伊語	なめらかに
fröhlich	独語	楽しい、楽しげな、幸福な		leggerezza	伊語	軽快、敏捷、軽はずみ
frisch	独語	活発な、元気のよい		leggiadro	伊語	優美に
fuoco	伊語	火、火炎、危難		leggiero (leggero)	伊語	軽快に
furioso	伊語	荒れ狂って		lent	仏語	遅い、adagioほど遅くない
				lentement	仏語	ゆるやかに遅く
《G》				lento	伊語	遅く
gai	仏語	陽気な		liberamente	伊語	自由に
gaio	仏語	陽気な、楽しげな		liberta	伊語	自由
galop	仏語	ギャロップ、2拍子、4拍子の陽気な輪舞		libito	伊語	わがまま、気ずつり、随意に
				loco	伊語	原位置で（ottava記号の終りに付ける）通常の音域に戻る
gaudioso	伊語	嬉しそうな				
gavotte	仏語	中庸の速さで強いアクセントがあり第3拍目から始まるフランスの踊り		lunatico	伊語	狂気のように

用語	言語	意味
lunga (lungo)	伊語	⌒を長く延ばして
lustig	独語	陽気に

《M》

用語	言語	意味
mässig (mäßig)	独語	中くらいの速さ、(～風に)
möglich	独語	可能な
ma	伊語	しかし
maestoso	伊語	荘厳に、堂々とした
maggiore	伊語	長調
mais	仏語	しかし
malinconia	伊語	憂うつ
mano destra	伊語	右手で
mano sinistra	伊語	左手で
marcato	伊語	1音1音はっきりと
marcia	伊語	行進曲
martellato	伊語	各音を強調、槌で打つように強く
marziale	伊語	勇壮に、行進曲風に
mazurka	共通	3拍子のポーランドの踊り
meno	伊語	～より少なく
meno mosso	伊語	今までより遅く
messa di voce	伊語	cresc.dim.の唱法
mesto	伊語	悲しい、憂うべき
mezza voce	伊語	声量を減じて柔らかい声で
mezzo	伊語	中間の、半分の
mezzo forte (*mf*)	伊語	やや強く
mezzo piano (*mp*)	伊語	やや弱く
minore	伊語	短調
minuetto	伊語	3拍子の適度に遅い踊り
misterioso	伊語	神秘的に
mit	独語	～をもって
modéré	仏語	適度の
moderato	伊語	中くらいの速さで
molto	伊語	非常に、多く
molto (di molto)	伊語	きわめて、非常に
morendo	伊語	次第に遅くすると共に次第に弱く
mesto	伊語	悲しい
mosso	伊語	動き、動いて
moto	伊語	運動
mormorando	伊語	ささやくように
mouvement	仏語	運動、速度、楽章
munter	独語	生き生きとした、活発な

《N》

用語	言語	意味
ne…pas	仏語	～でない
nicht	独語	～ない
niente	伊語	なにも～ない
nobile	伊語	上品な 気高い
nobilmente	伊語	高貴に
non	伊仏	～ない
non tanto	伊語	はなはだしくなく
non troppo	伊語	はなはだしくなく

《O》

用語	言語	意味
octet	英語	八重奏
ongarese	伊語	ハンガリー風の
opera buffa	伊語	喜歌劇
ossia	伊語	または、あるいは
ottava	伊語	1オクターヴ
overture	英語	序曲

《P》

用語	言語	意味
parlando	伊語	話すように
parlante	伊語	話すように
passionato	伊語	熱情を込めて
passione	伊語	受難、感動、熱情
pastorale	伊語	牧歌風に
patetico	伊語	悲そうな、悲劇的な
peu	仏語	少し
peu à peu	仏語	少しずつ
perdendosi	伊語	次第に遅くすると共に次第に弱く
pesante	伊語	重々しく
più	伊語	～より多く
più animato	伊語	生き生きと、元気に、(直ちに)今までより速く
più mosso	伊語	今までより速く
piacere	伊語	楽しい、気まま、快楽
piacevole	伊語	気持のよい、愉快な
pianissimo [*pp*]	伊語	ごく弱く
piano [*p*]	伊語	弱く、静かに、柔らかく
piangendo	伊語	悲しげに
pietoso	伊語	あわれみをもって、同情に満ちた、親切な
pizzicato [pizz.]	伊語	弦を指ではじく
plus	仏語	いっそう
pochissimo	伊語	ほんの少し (pocoの最上級)
poco	伊語	少し あまり～でなく
poco a poco	伊語	少しずつ
poi	伊語	それで、次に
pomposo	伊語	華麗に 盛大な
portamento	伊語	なめらかに2音間を奏する
portato	伊語	音を柔らかく区切って
possibile	伊語	できるだけ
precipitando	伊語	非常にせきこんで
preciso	伊語	正確な
pressez	仏語	急いで
presto	伊語	きわめて速く、急速に
prima	伊語	一度、一番先に、すぐに、1度音程
prima vista	伊語	初見
prima volta	伊語	1番かっこ

《Q》

用語	言語	意味
quasi	伊語	おおよそ～のように

《R》

用語	言語	意味
rallentando (rall.)	伊語	次第に遅く
rapidamente	伊語	急いで、急速に
rasch	独語	速かな
recitando	伊語	朗唱風に
recitativo	伊語	叙唱部
religioso	伊語	敬けんな、厳正な
replica	伊語	繰り返し、反復
retenu	仏語	控えめな、急速に速度をゆるめる
requiem	伊語	レクイエム
rigore	伊語	厳格
rinforzando [*rf*]	伊語	特に強く
risoluto	伊語	決然と
ritardando (rit.)	伊語	次第に遅く
ritenuto (riten.)	伊語	即座に遅く
ritmico	伊語	リズミカルに
rubato	伊語	持ち去られた、略奪された
ruhig	独語	静かな
rusticana	伊語	素朴に、田園風に

用語	言語	意味
rustico	伊語	素朴に、田園風に

《S》

用語	言語	意味
saltarello	伊語	イタリア起源の速い3拍子の舞曲
scherzando	伊語	滑稽に
scherzo	伊語	たわむれ、軽く、きびきびした性格の音楽を示す
scherzoso	伊語	おどけた、気まぐれな
schnell	独語	速く、すぐに
seconda	伊語	第2の
segno	伊語	記号
sehr	独語	非常に
semplice	伊語	単純に
sempre	伊語	常に
sentimentale	伊,仏	感傷的な（仏　サンティマンタル）
sentimento	伊語	感情
senza	伊語	〜をしないで
senza pedale	伊語	ペダルを使用しないで
senza sordino	伊語	弱音器をはずす
senza tempo	伊語	自由な速度で
serioso	伊語	厳粛に
serré	仏語	切迫して、緊迫して
sforzando	伊語	突然強いaccentoを付けて
siciliano	伊語	12／8または6／8拍子の田園風の性格をもった適度に遅い踊り
simile [sim.]	伊語	同様に
sinfonia	伊語	交響曲、交響楽団
slentando	伊語	次第に遅く
smorzando	伊語	次第に遅くすると共に次第に弱く
so	独語	〜のように
soave	伊語	静かに、穏やかに、愛らしく
sognando	伊語	夢見るように
solo	伊語	独奏
sordino	伊語	弱音器
sostenuto	伊語	各音を充分に保って
sotto	伊語	和らげた、ひそかな
sotto voce	伊語	和らげたひそかな声で
soutenir	仏語	持続する
soutenu	仏語	音を保持して
spirito	伊語	精神
spiritoso	伊語	精神を込めて、活気をもって
staccato	伊語	2音間を区切って
stark	独語	強く
stentando	伊語	ひきずって
stringendo	伊語	次第に速度と音量をくわえ緊迫しながら
subito (sub.)	伊語	すぐに、直ちに
suite	英語	組曲
sul ponticello	伊語	駒の近くで弾く
sul tasto	伊語	指板の近くで弾く
svegliando	伊語	活発に
synthesizer	英語	シンセサイザー（楽音合成装置）

《T》

用語	言語	意味
tanto	伊語	たくさんの
tarantella	伊語	6／8拍子によるイタリア起源の元気な踊り
tedesco(tedesca)	伊語	ドイツの、ドイツ人
tempestoso	伊語	嵐のように
tempo	伊語	速度
tempo di	伊語	〜の速度で
tempo giusto	伊語	正確な速さで
tempo primo (Tempo I)	伊語	最初の速さで
tempo rubato	伊語	速度を自由に加減して
teneramente	伊語	やさしく、柔らかに
tenerezza	伊語	優しさ
tenuto	伊語	音を保持して
tranquillo	伊語	静かに、穏やかに
tre corde	伊語	3本の弦で、ピアノのソフトペダルを外す
tremolo	伊語	音の急速な反復
très	仏語	非常に
très lent	仏語	非常に遅く
triste	伊,仏	陰気な、みじめな
tristemente	伊語	悲しそうに
trop	仏語	はなはだしく
troppo	伊語	極端に、余分に
turca	伊語	トルコ
tutte le corde	伊語	総ての弦で、ピアノのソフトペダルを外す
tutti	伊語	全員で、総ての楽器で

《U》

用語	言語	意味
un	伊,仏	1つの
un poco	伊語	少し
una corda	伊語	1本の弦で、ピアノのソフトペダルを使用する
und	独語	そして

《V》

用語	言語	意味
valse	仏語	ワルツ
valzer	伊語	ワルツ
veloce	伊語	急いで、急速に
vibrato	伊語	音の高さを上下に揺らす
vif	仏語	活発な
vigorosamente	伊語	精力的に、力強く
vigoroso	伊語	精力的に、力強く
via	伊語	向こうへ
via sordina	伊語	弱音器を使用して
vite	仏語	急速に
vivace	伊語	活発に
vivo	伊語	活発に
volante	伊語	軽く飛ぶように
volta	伊語	〜回、〜度

《W》

用語	言語	意味
walzer	独語	円舞曲（ワルツ）
weniger	独語	より少なく
white noise	英語	機器により連続的に発生する雑音。シンセサイザーの音源や変調信号などに用いられる。
wie	独語	〜のように

《Z》

用語	言語	意味
zart	独語	柔かい
zeitmass	独語	速度
ziemlich	独語	かなりの
zingarese	伊語	ジプシー
zu	独語	〜に、〜で、〜ために
zurückhalten	独語	おさえる
zuvor	独語	前もって

Lesson 8

Lesson 8-1 (エリザベト音楽大学)

A群に適応すると思われるものをB群から選び、その番号をそれぞれの〔 〕の中に書き入れなさい。

〔A群〕
ア amabile 〔 〕
イ sotto voce 〔 〕
ウ allargando 〔 〕
エ nobilmente 〔 〕
オ subito 〔 〕
カ 最初の速さで 〔 〕
キ 神秘的に 〔 〕
ク 右手で 〔 〕
ケ おごそかに 〔 〕
コ 次第に急迫して 〔 〕

〔B群〕
1 diminuendo
2 やわらげた声で
3 mano destra
4 悲しげに
5 stringendo
6 突然に
7 mano sinistra
8 愛らしく
9 grave
10 上品に
11 misterioso
12 消えるように
13 Tempo primo
14 次第に、遅めながら強く
15 a tempo

Lesson 8-2 (神戸女学院大学)

次の楽語の相違点を具体的にのべなさい。
（1）stringendoとaccel. （   ）
（2）全音階と全音音階 （   ）
（3）tempo rubatoとad lib. （   ）
（4）portamentoとgliss. （   ）

Lesson 8-3 (玉川大学)

次の（A）（B）の設問に答えよ。
（A）1～5のそれぞれの役割について簡単に述べよ。
1. メトロノーム （   ）
2. 大譜表 （   ）
3. シンコペーション （   ）
4. スラー （   ）
5. 縦線 （   ）
（B）1～5のそれぞれについて簡単に述べよ。
1. 半音階的半音 （   ）
2. 和音 （   ）
3. 移調 （   ）
4. 4分の3拍子と8分の6拍子の相違点 （   ）
5. 長調と短調の相違点を決定づけるものは何か （   ）

Lesson 8-4 (名古屋音楽大学)

次のAからEの語群にはそれぞれ共通したジャンルの音楽用語が集められているが、ひとつだけ異質なものが混じっている。その記号をa欄に記入し、それに差し替えるべきものを下記の枠内の語群から選んでその記号をb欄に記入せよ。

（A）ア presto　　イ senza tempo　　ウ rallentando　　エ con sordino　　オ accelerando
a (   ) b (   )
（B）ア sostenuto　　イ marcato　　ウ commodo　　エ pizzicato　　オ portamento
a (   ) b (   )
（C）ア allargando　　イ agitato　　ウ maestoso　　エ leggiero　　オ mesto
a (   ) b (   )
（D）ア sforzando　　イ smorzando　　ウ pianissimo　　エ crescendo　　オ sotto voce
a (   ) b (   )
（E）ア molto　　イ non　　ウ senza　　エ quasi　　オ tutti
a (   ) b (   )

| カ arco　　キ con　　ク dolce　　ケ adagietto　　コ accento |

Lesson 8-5（名古屋芸術大学）

次の語の意味を示すように、（ ）の中に適当な言葉を(ア)から(コ)より選んでその記号を書きなさい。

1. （ ） tanto　　多くなく
2. （ ） tempo　　正確なテンポで
3. （ ） spirito　元気に
4. （ ） corde　　ペダルなしで
5. （ ） poco　　少し、やや

（ア）un　　（カ）non
（イ）in　　（キ）con
（ウ）alla　（ク）al
（エ）più　　（ケ）ad.
（オ）meno　（コ）tre

次の楽語は省略形で書かれている。完全な形で書きなさい。
1. smorz.（　　　　　）　2. dim.（　　　　　）　3. riten.（　　　　　）
4. accel.（　　　　　）　5. marc.（　　　　　）

Lesson 8-6（東海大学）

次の楽譜通りに演奏すると、最初の小節と最後の小節の速度はどのように変化するかを、簡潔に説明しなさい。

（　　　　　　　　　　　　　　　　　　　　　　　　　　　　　　　　　　　　　　）

Lesson 8-7（東京音楽大学）

メトロノームによるテンポ表示の数字を（ ）内に記入せよ。

①（　　　　　）　②（　　　　　）　③（　　　　　）

Lesson 8-8（東京藝術大学）

以下の設問に答えなさい。

次の文章の、4つの□に該当する音符を、解答欄に書き入れなさい。

Doppio Movimento は2倍の速さで、という意味です。これと同様の表記として(A)、或いは(B)も考えられます。

（A）　□ = □

（B）　□ = □

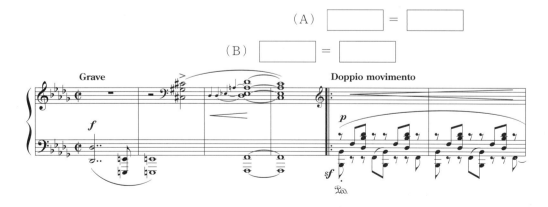

Lesson 8　模範解答

Lesson 8-1
ア〔8〕　イ〔2〕　ウ〔14〕　エ〔10〕　オ〔6〕　カ〔13〕　キ〔11〕　ク〔3〕　ケ〔9〕　コ〔5〕

Lesson 8-2
1．(ともに次第に速くするという意味があるが、stringendoは音量も加えていく。)
2．(全音階は1オクターブに5つの全音と2つの半音をふくむ音階で、長音階と自然短音階がこれにあたる。一方、全音音階は隣り合う音がすべて全音による6音階のことをいう。)
3．(tempo rubatoは速度を自由に加減してという意味であるが、ad lib.は速度にとどまらず楽器編成の変更および即興を加えてもよい。)
4．(portamentoはある音から次の音に移るときに跳躍的でなく、音を滑らせてなめらかに演奏する。glissandoは滑るように急速に音階を奏することをいう。)

Lesson 8-3
(A)
1．一定のテンポを表示し続ける拍節器機。
2．高音部譜表と低音部譜表を大括弧で結んだ譜表。
3．同じ高さの弱拍部と強拍部が結ばれて、強弱の位置が変わること。
4．異なる高さの2つ以上の音をなめらかに奏することを表す。
5．一定の拍子を単位に音楽を区切り、視覚的に拍子感をわかり易く表す。小節を分ける線のこと。

(B)
1．同度上につくられる半音。増1度。
2．異なる高さの2つ以上の音が同時に発せられる時に起こる合成音。
3．ある調の楽曲を別の高さの調へ各音程関係を保持したまま平行移動すること。
4．4分の3拍子は強拍が1拍目にあるのに対し、8分の6拍子は1拍目と4拍目にある。また、単純拍子と複合拍子の違いがある。
5．音階の第3音が主音から長3度（長調）か、短3度（短調）である。記号上は第6音、第7音ともに長調と異なるが、自然短音階、旋律短音階、和声短音階によってこれらの音は変化する。

Lesson 8-4
(A) a.エ　b.ケ　　(B) a.ウ　b.カ　　(C) a.ア　b.ク　　(D) a.オ　b.コ　　(E) a.オ　b.キ

Lesson 8-5
1．カ　2．イ　3．キ　4．コ　5．ア
1．smorzando　2．diminuendo　3．ritenuto　4．accelerando　5．marcato

Lesson 8-6
(一拍の長さが1.5倍（速度が1分間に60拍から40拍に）に長く変化し、速度が遅くなる。)

Lesson 8-7
①（60）　②（120）　③（40）

Lesson 8-8
(A) 𝅗𝅥=♩　(B) ♩=𝅗𝅥　　後続の小節は前小節の2倍の速度になる。前の全音符と後の二分音符が同価。
(A) ♩=♪　(B) ♪=♩　も正解です。

メトロノーム記号による速度の問題です。通常メトロノーム記号の表記は、[後続楽節の速度＝前楽節の速度]のように記します。しかし、出版社によっては、[前楽節の速度＝後続楽節の速度]のように逆の表記になっている場合があります。この表記方法は未だ一般的ではありませんが、東京藝術大学や同附属音楽高校などでは、この表記を用いた出題例があります。メトロノーム記号が置かれた場所に注意して答えてください。

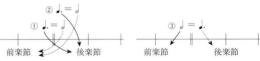

参考

舞曲の拍子・リズム

17世紀に組曲（パルティータ）形式の中に取り入れられた古典舞曲があります。各々の舞曲の拍子やリズムの特徴が一目で分かる代表的な例を記載します。

アルマンド：「ドイツの踊り」という意味で、その特徴はAllegro Moderato中庸の速度、短いアウフタクトを持つ4拍子（偶数拍子）の楽曲。

フォルラーヌ：ベネチア起源の6拍子で符点リズムを持つ陽気な舞曲。

クーラント：語源はフランス語のcourir（走る、揺れる）で、3拍子の活発な舞曲だったが、17世紀にイタリア風コレンテ（速い3拍子）とフランス風クーラント（中庸な速度の3拍子・6拍子）に分かれた。現在最も有名なJ. S. Bachの組曲ではフランス風クーラントを採用している。

サラバンド：スペイン起源のゆっくりとした3拍子の踊り。低音と中間声部による和音連結とリズム（♩♩,♩♩.♪,♩.♪♩）に特徴がある。

ガボットとミュゼット：4拍子で常に1～2拍のアウフタクトで始まり、強拍に強いアクセントを持つ。組曲ではサラバンドの後に置かれます。中間部にミュゼットがあり、ガボットを繰り返して終わる。保続音を持つのがミュゼットの特徴。

メヌエット：3拍子で強拍から始まり、中庸のテンポで愛らしさのある舞曲。明解な楽節形式（動機＝2小節、動機×2＝小楽節、小楽節×2＝大楽節）のため古典派以降は、ソナタや交響曲に取り入れられる。8分音符の連続が特徴的。

ブーレー：オーベルニュ地方の2拍子の舞踏が起源。1拍のアウフタクトを持ちシンコペーションを含む事もある。

パスピエ：ブルターニュの船乗りの踊りが起源。3拍子、6拍子の陽気で活発な踊り。

ポロネーズ：ポーランドの宮廷舞曲が起源。17～18世紀のポロネーズは、3拍子の堂々とした曲風がその特徴であるが、19世紀以降、特にポーランド出身のショパンにいたってはポロネーズ本来のリズムと力強い楽想が政治的独立の象徴とされた。

ショパン7歳の作品です。ポロネーズ特有のリズム ♪♫ ♪♫ ♪♪ と、堂々とした楽想…作曲の技法には幼なさが残りますが、ポロネーズの特徴を完全に理解している点は驚きです。

ジーグ：gigue（仏）由来のジグとgiga（伊）由来の2種類がある。フランスのジーグは6拍子でフガートあるいはフーガの書式、跳躍音程などが特徴。イタリアのジーグは和声的で急速なテンポ。ドイツではフランス系のジーグを用いている。

6拍子で、対位法（フガート）書式。大きな跳躍が特徴的。

音律について

　倍音と比率に関しては、近年「ミーントーン」に関する問題が出題されました。今後は音律に関してもう少し詳細な解説が必要かも知れません。あまり難しくならないよう心掛けますが…
　さて、前述の倍音列と、そこから導かれる比率は「純正律」を基準にしています。もう少し詳しく比率について見てみましょう。
- ◆長２度（全音）を形成する第８倍音と第９倍音の比率は **"全音＝８：９"**
- ◆同様に第９倍音と第10倍音も長２度ですね。**"全音＝９：10"**

では、"８：９"と"９：10"の響きは同じなのでしょうか？　８：９は204cent、９：10が182centと当然ピッチが異なります。純正律では１オクターヴ内に比率の異なる同一音程が複数存在してしまうのです
- ◆８：９の全音を「大全音」
- ◆９：10の全音を「小全音」

と呼びます。

　平均律以外の調律では、さらに厄介な問題が発生します。話を分かりやすくするために、現在一般的に用いられている平均律と比較しながら話を進めます。
　平均律の半音（短２度あるいは増１度）をcent（セント）という単位で表すと、100centになります。平均律ではこの100centが理論上一番小さな単位になります。１オクターヴには、12個の半音がありますから１オクターヴ＝1200centです。全音は半音２個分の幅ですから、全音＝200cent、同様に考えて短３度＝300cent、長３度＝400cent、完全５度では700centになり、12半音の１オクターヴは1200centです。とても合理的ですっきりした数値ですね。では、響きもすっきりしているのでしょうか？　現在、毎日のように平均律の音楽を聴き、またビブラートのかかった演奏になれた私達にはさして問題にはなりませんが、純正律や後述する中全音律（ミーントーン）の透明な和音の響きに較べるとかなり濁った和音になっているのです。では、純正律の音程をcentで示してみましょう。

- ◆歪みのない最も共鳴する完全５度…**純正５度（比率　２：３）＝702cent**
- ◆歪みのない透明感のある長３度　…**純正３度（比率　４：５）＝386cent**

ちなみに平均律の比率は、
- ◆完全５度＝700cent（比率　289：433）
- ◆長３度＝400cent（比率　50：63）

　○：○の数値が単純である方が透明感の高い美しい響きと言えます。100centと言うすっきりした数値はあくまでも平均律を基とした定規であり、響きの善し悪しには関係ありません。平均律の長３度の"50：63"は言うまでもなく、完全５度"289：433"も透明感のある比率とは言えません。平均律の概念は古くから存在し、最も古い記録は中国にあるそうです。しかし、歪みのない響きを優先したためにルネッサンス中期頃までの西洋音楽では、平均律はほとんど使用されませんでした（東洋では５世紀頃から使用されているが平均律と言うより不均等律に近い）。
　では、なぜ美しい純正律を捨てて平均律に移行したのでしょう。ピタゴラス音律→純正律→平均律への変遷の過程には、多くの学者が様々な音律を考案し取捨選択が繰り返されました。その代表例を見てみましょう。

ピタゴラス（ピュタゴラス）音律

　万物の根源は"数"であると考え、「ピタゴラスの定理」を発見した有名な数学者です（紀元前６世紀頃）。
　ピタゴラス音律は純正律よりも古く、純正５度（702cent）を調律の基本としています。３度音程も純正５度の累積により算出されるため、純正３度ではありません（ハ音から完全５度を４回積み重ねると、２オクターヴ高いミの音になる。702cent×４－1200cent×２＝408cent　これは平均律の400centよりも不協和感が強くなる。純正３度の386centとの差22centをシントニック・コンマと呼ぶ）。
　さらに問題となるのが、５度を12回積み重ねて基音から７オクターヴ高い同音が1200centの倍数の8400centではなく、8424centと24centもオーバーしてしまいます（溢れた24centをピタゴラス・コンマと呼ぶ）。この24centを通常では使用しないCis－Gis（Des－As）の５度を縮めてつじつまをあわせます（次頁譜例参照）。ピタゴラス音律は、完全１度、完全８度、完全４度、完全５度だけが協和するオルガヌムや単旋律のための音律なのです。

純正律

　純正律の考案はプトレマイオス（2世紀）と言われていますが、実際に広まったのは15世紀の終わり頃です。ルネッサンスの華やかな芸術が美しい3度を要求したのでしょう。

　純正律は倍音列を基本としていますので、1つの調（転調を含まない楽曲）では美しく響きます。

　3度の響きを伴う対位的楽曲、和声的楽曲の演奏に適しています。弱点は、第ii度音と第vi度音（レ－ラ）の完全5度と半音階的半音が使えないこと、そして転調が絶望的である点です。

中全音律（ミーントーン）

　ピタゴラス音律が純正5度を基にしているのに対し、中全音律は純正3度（386cent）を基準として調律します。中全音律では5度を4回重ねた幅が2400cent＋386cent＝2786centになります。従って、5度は2786÷4＝695.5centになります。全音は、長3度のちょうど半分の幅＝193centで一定します。また、ピタゴラス音律、純正律の大全音（204cent）、小全音（182cent）の中間に相当することもあり中全音と呼ばれています。

　純正5度を平均律よりも低い695.5にしてまで純正3度に固執したのは、やはり音楽の変化によるものと思われます。完全5度を縮めたことにより、7オクターヴの中のCis－Gis（Des－As）の5度（738.5cent）を犠牲にしています。やはり、同主短調を含めて遠い調への転調は、平均律に慣れた耳では不自然に感じます（不思議な味わいがありますが）。中全音にも様々な種類がありますが、中でも有名なのはアーロンの中全音律で、イギリスでは20世紀初頭まで使用されてたようです。W.A.Mozartもこの音律を念頭において作曲していました。

不均等律（ウェル・テンペラメント）

　17世紀に入ると音律は音楽にあわせてより複雑になりました。ルネッサンスの終焉からバロック期に差し掛かる頃に音楽が劇的に変化したのです。美しく透明な響きを追求した時代から、和声的でどんな転調もこなせる音律を追求する時代へと移り変わりました。具体的にはピタゴラス5度や中全音の3度・5度等を組み合わせて、オクターヴがピッタリ1200centになるように工夫されています。不均等律は調律師の数だけ有ると言われるほど様々な調律法が有ります。ヴェルクマイスター、キルンベルガー、ヴァロッティ、ヤング等が有名です。

※キルンベルガーは、J. S. Bachの弟子で作曲家・理論家。

平均律

　平均律の概念は古くからありましたが、実際に広まったのは19世紀半ばの産業革命の頃です。ピアノの量産に適した音律だったのでしょう。平均律は24centのピタゴラスコンマを12の音で均等に減じ、その結果全ての5度が700centになります。純正な響きを持たない"合理的な平均律"によって、20世紀の音楽の方向が変わったと言えるでしょう。

　ヴィンツェンツィオ・ガリレイの平均律と、中国に残る5世紀頃の平均律（不均等律）の表を以下に掲載します。

全音比較表

平均律、ピタゴラス音律、純正律、中全音律における全音とオクターヴの関係を示す表です。

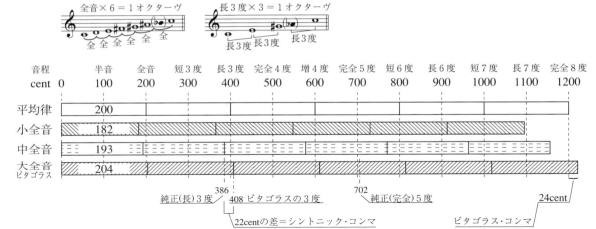

1オクターヴ内に全音は6個、長3度は3個含まれます。それぞれの数値を個数分掛けると1オクターヴの数値が算出できます。平均律の場合は全音＝200centですから、200cent×6＝1200centで、ピッタリ1オクターヴになります。しかし、純正律では、小全音（182cent×6＝1092cent）で平均律の長7度にも達せず、大全音（204cent×6＝1224cent）で24centオーバーです（ピタゴラス・コンマ）。中全音でも（193cent×6＝1158cent）でやはり完全な1オクターヴに届きません。なお、平均律以外の音律では、2種類の幅を持つ半音が使用されます。

5度重積比較譜例

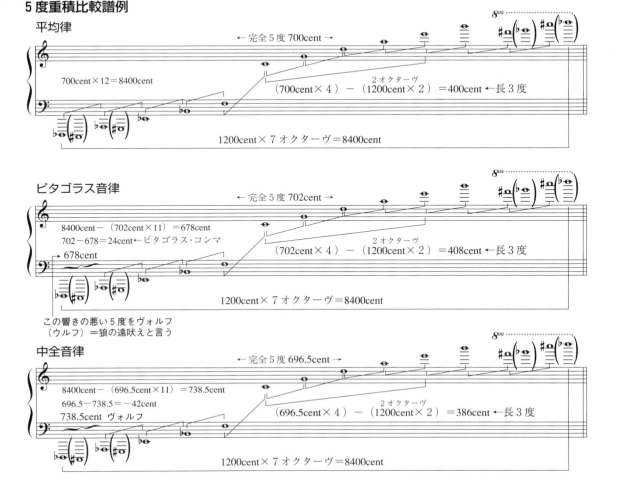

ピタゴラス音律のように純正5度（702cent）を12回重ねて基音に戻ると24cent溢れてしまいます。溢れた幅をどこかで調製しなくてはならないので、中心となる音からもっとも遠い5度（Cis−Gis＝Des−As）でつじつまを合わせます。
　中全音律では最も重視する音は純正3度です。純正3度（386cent）を一定にするために、5度を696.5centにして調律します。しかし、ここでも5度を12回積み重ねた幅はオクターヴと一致しません。ピタゴラス音律と同様に中心となる音からもっとも遠い5度でつじつま合わせを行います。

半音幅比較表

　各音律の半音幅（単位cent）を掲載します。平均律以外の音律では2種類の半音が使用されます。

平均律（ヴィンツェンツィオ・ガリレイ　16世紀）

独半音/c	C	Cis,Des	D	Dis,Es	E	F	Fis,Ges	G	Gis,As	A	Ais,B	H	C
	0	100	100	100	100	100	100	100	100	100	100	100	100

※ガリレオ・ガリレイの父。ガリレイ平均律本来の半音は99centを含む。

中国　平均律（不均等律）5世紀頃

中	黄鐘（こうしょう）	大呂（たいろ）	大簇（たいそく）	夾鐘（きょうしょう）	姑洗（こせん）	仲呂（ちゅうりょ）	蕤賓（すいひん）	林鐘（りんしょう）	夷則（いそく）	南呂（なんりょ）	無射（ぶえき）	応鐘（おうしょう）	黄鐘（こうしょう）
独	D	Dis,Es	E	F	Fis,Ges	G	Gis,As	A	Ais,B	H	C	Cis,Des	D
半音/c	0	103	98	100	101	97	102	100	101	97	99	106	96

平均律と他音律との音高比較（単位cent. 小数点以下四捨五入　太字数字は純正倍音律の3度・4度・5度）

音律 ＼ 音高	C	Des	D	Es	E	F	Fis	G	As	A	B	H	C
平均律	**0**	100	200	300	400	500	600	700	800	900	1000	1100	**1200**
ピタゴラス音律	**0**	90 ※1	204	294	408	**498**	612	**702**	792	906	996	1110	**1200**
純正律	**0**	112	204	**316**	**386**	**498**	590	**702**	**814**	**884**	996	1088	**1200**
中全音律　アロンのミーントーン	**0**	76	193	311	**386**	504	579	697	**814** ※2	890	1007	1083	**1200**
ヴェルクマイスター音律	**0**	90	192	294	390	**498**	588	696	792	888	996	1092	**1200**
キルンベルガー音律	**0**	90	193	294	**386**	498	590	697	792	890	996	1088	**1200**

※1　ピタゴラス音律の半音には2種類あり、C−Cis（増1度）は114cent、C−Des（短2度）は90centになる。
※2　ピエトロ・アロンの中全音律ではAsは814cent、Gisは772centになる。

音階について

音階の構成と分類

4度テトラコード：1オクターヴの半分の4度に納まる音列の組み合わせとして考えると以下のようになります。

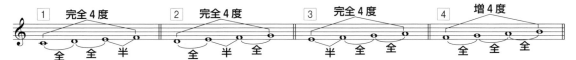

第Ⅰ度音から1オクターヴ上の第Ⅰ度音までを2等分すると、4音の音列になります。組み合わせは、全（長2度）・全・半（短2度）…1、全・半・全…2のように4種類あります。1〜3までは、第Ⅰ度音から第Ⅳ度音の幅は完全4度で4は増4度になります。

このように、7音音階は1から4までのテトラコードの組み合わせでできています。ロクリア旋法は第Ⅰ度音上に完全5度を持たないことから実際の楽曲は存在しません。

邦楽七声は7音音階を意味します。邦楽は"導音"や三和音を回避した音楽であり、実際の楽曲では5音音階（五声・ペンタトニック）が主流です。

3音テトラコード：2度＋3度（3度＋2度）の組み合わせによる分類です。全て4度内に収まります。

全音階とテトラコード

これは音階の中でも、もっとも基本的なハ長調の音階です。「上行形・全全半」を基本として、分離型（ディスジャンクト）でオクターヴを形成します。

前半と後半のテトラコードに分けると音階が合理的に構成されていることに気付きます。なお、前半の最後の音を軸にする形態をコンジャンクトと呼びます。

調号とテトラコード

自然長音階は同形のテトラコードを2個重ねることによって形成されました。このテトラコードをさらに5度上方向、5度下方向に続けるとどうなるでしょう？

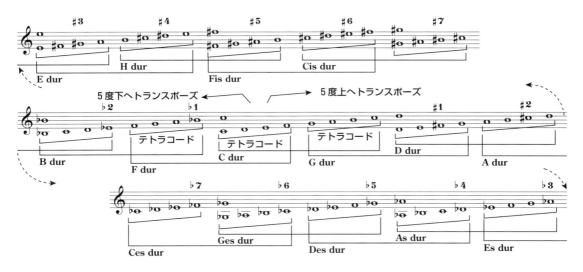

『全全半』の組合わせによるテトラコードを上・下方向に続けると調号7個までの全ての長調が出現します。もちろん調号も正しい順番に並びます。

長音階・短音階とテトラコード

　短調の音階は「自然短音階・和声短音階・旋律短音階」の３種類に分類しますが、長音階も同様に「自然長音階・和声長音階・旋律長音階」の３種類があり、合わせて６種類の音階としています。受験に必要な知識ですから正確に覚えましょう。

　短調も前半のテトラコードと後半のテトラコードに分けます。

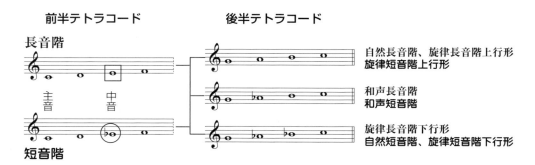

テトラコードの上行形・下行形の関係

　上記譜例から、後半３種類のテトラコードが同形であることが分かります。そして、長音階と短音階の前半テトラコードの違いは第Ⅲ度音（中音）だけであることも分かります。

　長調と短調の違いは「中音」だけなのです。この中音を「性格決定音」あるいは「特徴音」と呼びます。調性判定においても重要な知識となりますので、しっかり覚えておきましょう。　※旋律的音階の上・下行形は、その方向によって構成音が変化します。

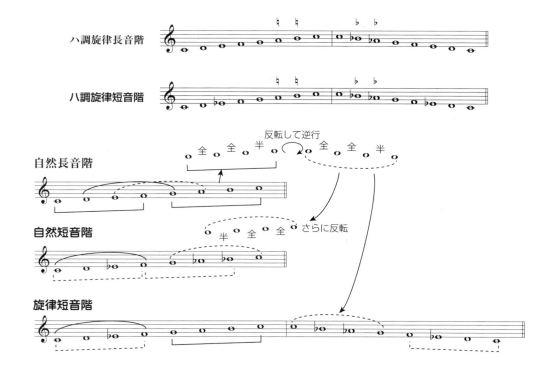

非和声音の種類

経過音：音の高さの異なる和声音の間にあって、その間をうめるように経過する音。

経過音は"到達音"までの間に2個以上連続して使用されることがあります。また、最後の譜例のように半音階的に連続することもあります。

掛留音：和声音が延長されて非和声音になり、他の声部よりも遅れて和声音に到達する。

掛留音のほとんどは2度下に"解決"します。短2度上に解決する掛留音もあります（長2度上に解決する掛留音は特殊な場合を除き通常は使用しない）。また、複数の同時掛留音もあります。

刺繍音：和声音（原音）の同音反復の間に挿入される非和声音です。またトゥリラやモルデント、ターン、転回ターンなども刺繍音です。

刺繍音は経過音と同様に、軽妙（不協和感が希薄）な非和声音なのでひんぱんに使用されます。バロック時代は楽譜に指示の無い所でも演奏者が自由に旋律を装飾する音として利用しました。

倚音：和声音に2度で接する音です。解決音に向けて短2度上行する倚音を上行倚音と呼びます。

倚音は基本的に各拍の拍点に置かれます（拍点外に置かれる倚音を弱勢倚音と呼びます）。このため二重倚音では他声部の和声音と合わせて1つの和音を形成してしまうことがあります。注1はドミソの和音（ハ長調のI）の第2転回形になっています。これは続く属和音と合わせてI^2—Vをドミナントとして扱います。注2は低音の主音の上に属和音が乗った形で、フレーズ（段落）の終わりや曲の終結部に見られる形です。

非和声音にはこの他、**先取音**（次の和音の和声音を先に発音する）、**逸音**（刺繍音の後に続く原音を省いた形）ながあります。非和声音を判別するためには、しっかり和声音を把握する必要があります。和音の進行アルゴリズムと合わせて、しっかり学習してください。

非和声音・臨時音の遅延解決（寄り道解決）

　楽曲分析や調性判定が難しく感じる要因の1つが非和声音や臨時音の遅延解決です。遅延解決とは非和声音や臨時音が直ぐに目的の和声音（構成音）に到達せず、他の音へ寄り道してから解決することを意味します。

　この『熊蜂の飛行』には非和声音・臨時音の遅延解決が数多く使われています。○は和声音、カは経過音、シは刺繍音、カは経過音が刺繍音的に装飾されたことを示します。
　さてリムスキー・コルサコフは著書を残すほどの理論家でしたが、ここでは厳格な臨時記号の使い方に、それがよく現れています。1～28小節までは明確なa mollで、a mollの全音階的半音階に則って臨時記号が使われます。一方31小節からはg mollとなり、やはりg mollの全音階的半音階に従って臨時記号が使われています。ではその間をつなぐ29～30小節はと言うと、a mollからg mollというやや遠隔気味の調へスムーズに移行するため、半音階的半音による臨時記号を用いています（上行形ではAis、下行形ではB）。調性感の浮遊する増三和音を響かせることで、見事な転調が実現しています。

作品例

これまで学んだ楽典の知識でも転調経過や和音の使い方から非和声音の用法、形式まで、演奏に役立つ生きた学習が可能です。次の例はショパンのエチュードです。大変複雑な構成と思われがちですが、骨格にすると半音階の経過音も単純な作りであることが分かります。

この曲を聴いたことのある人はもちろん練習した人も、とても難解な曲と感じたでしょう。暗譜するのも命がけ…しかし、このように分析・単純化すると、短いフレーズの繰返しであることに気付きます（エチュードと言うだけあって、まるで指の練習曲のようです）。ショパンエチュードの特徴である広い音域を行ったり来たりするフレーズが多いのでテクニック的に難しいのは間違いありませんが、以上のような理解によって暗譜は楽になるはずです。

増三和音・減七の和音の異名同音変換について

異名同音変換の解き方〔五度圏を用いて〕

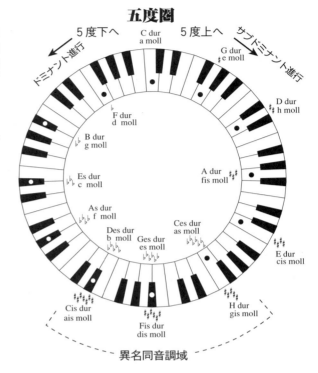

五度圏は、調号順に♯方向あるいは♭方向に完全5度毎に進むと、異名同音調域を通過して再び元の位置に戻る図表です。この図表を用いて和音の異名同音調を求める方法をご紹介しましょう。

〔例1．大阪音楽大学2006年度出題〕
鍵盤番号4・8・12によって示された和音がⅢの和音となるときの調名を答えなさい。

指定された鍵盤の音を記譜すると

c moll：Ⅲ （増三和音）

このようになります。この和音を含む調はハ短調ですね。しかし、答えはこれ以外にもあります。

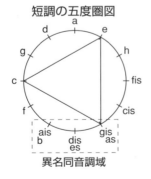

鍵盤番号4・8・12の響きは以上4個の形態に記すことができます。では、増三和音は常に4個の調に所属するかと言うと、残念ながら3個の調にしか含まれないものもあります。
　受験時に毎回異名同音変換を考えるのは大変ですよね。ここで、五度圏を用いて簡単に増三和音の所属調を求める方法をご紹介しましょう。
　鍵盤番号4・8・12の増三和音が所属する4個の調を短調の五度圏で示すと、左記のような正三角形になり、正三角形の各点は、所属する調を示しています。右下の1点だけは、異名同音調域の gis moll/as moll の部分にありますね。異名同音調域にある点は2個の調が導き出

　増三和音は全ての短調に含まれます。調号7個までの短調は15調ありますが、増三和音は4種類しかありません。1つの増三和音は異名同音変換により、3〜4個の異なる短調の増三和音に書換えることができます。次に15個の短調全ての増三和音を示します。
　楽譜上では15種類ありますが、①〜④の各段は全て同じ音の組み合わせであり、根音の位置が異なるだけでまったく同じ響きの和音です。構成音が異なる増三和音は①〜④の最初の小節の4種類だけなのです。

さて、①のグループは異名同音変換により3個の調、②〜④のグループはそれぞれ4個の調に置き換えられます。①のグループの最初のa mollを頂点として円に内接する正三角形を描くと他の2点に異名同音変換した先の調が示されます。a mollに含まれる増三和音は、異名同音変換するとf mollとcis mollのⅢの和音になることを表します。全部で3調ですね。

②〜④のグループの調は必ず点線で囲まれた異名同音調のどれかに三角形の1点が置かれます。このため異名同音変換すると4個の調に含まれることになるのです［正三角形の各点を音として和音にすると、やはり増三和音になります］。

異名同音変換の問題でもっとも出題率の高い減七の和音はどのような図形になるのでしょう。
まず、c mollの減七の和音と異名同音変換した調の関係を見てみましょう（①）。

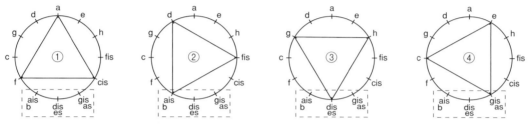

①のグループの最初のc mollの減七の和音（Ⅶ₇）を異名同音変換すると、es moll, dis moll, fis moll, a mollの減七の和音になります。

1つの減七の和音は5個の調のⅦ₇になるわけです。調号7個までの短調＝15短調のⅦ₇は、わずか3通りの響きしかありません。

では、短調の五度圏を通して図形を見てみましょう。

a moll, fis moll, dis moll　　d moll, h moll, gis moll　　e moll, cis moll, ais moll
es moll, c moll　　　　　　　as moll, f moll　　　　　　　b moll, g moll

①のグループの最後のa（a moll）を頂点として円に内接する正方形を描くと他の3点に異名同音変換した先の調が示されます。また、1つの点は必ず異名同音調に置かれます。このため、減七の和音は必ず5個の調に含まれるのです。②、③のグループの減七の和音も同様に5個の調を導くことができます。

半音階の厳格書法

上記曲例のように転調途中（調が定まらない部分）では、半音階的半音を用います。ただし、転調先が属調の場合は、転調途中部分も属調の全音階的半音を用います。

転調経過途中では半音階的半音を利用しますが、上記譜例の場合、a moll から同主調の A dur へ転調しています。このとき半終止（属和音）の余韻がのこっているため、a moll の属調（e moll）の半音階を用いています。半音階の架け橋は前フレーズに属し、A dur から新たなフレーズが始まることを示しています。

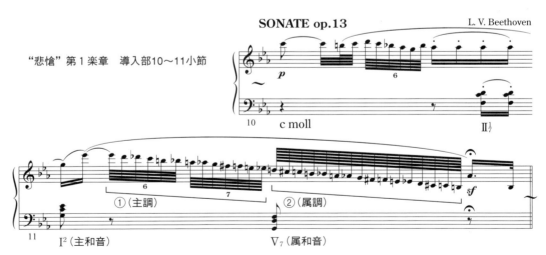

上記譜例は転調を含みません。しかし、半音階下行部分の途中から書き方が変化しています。
　①の部分は主和音に支えられているので、主調の全音階的半音
　②の部分は属和音に支えられているので、属調の全音階的半音
古典派時代の半音階の書き方はとても厳格です。通常、原調の中では原調の全音階的半音で記しますが、音場の響きによって主和音＝主調、属和音＝属調と書き方を換えています。

音大・音高受験生のための

楽　典

2018年度 入試問題

愛知県立芸術大学

【1】 譜例1（フランツ・リスト作曲《喜びに満ち、悲しみに満ち》の一部）を見て、以下の問いに答えなさい。解答にあたっては、調号はフラット、シャープ7つまでの調、短調は指示がある時以外は和声短音階で考えること。

（なお譜例は試験問題に適するよう、原譜より一部変更している）

1. （ア）から（オ）の四角で囲まれた部分で鳴っている和音の種類（長三和音など）と転回形を答えなさい。

	和音の種類	転回形
（ア）	（　　　　　　）	（　　　　　　　　　　）
（イ）	（　　　　　　）	（　　　　　　　　　　）
（ウ）	（　　　　　　）	（　　　　　　　　　　）
（エ）	（　　　　　　）	（　　　　　　　　　　）
（オ）	（　　　　　　）	（　　　　　　　　　　）

2. （1）の和音構成音の一部を異名同音変換してできる和音の種類を答えなさい。
（　　　　　　　　　　　　　）

3. （a）から（j）の音程を答えなさい。複音程は単音程に直して答えること。

(a)	(b)	(c)	(d)	(e)
(f)	(g)	(h)	(i)	(j)

4. （a）から（j）の音程のうち、転回音程同士の音程をすべて選び、記号で答えなさい。
（例：「（g）と（j）」等）

5. 冒頭のピアノパートに書き加えられる楽語として最も適切なものを、A、Bの選択肢のグループから1つずつ選び記号で答えなさい。

A	（1）alla marcia　（2）agitato　（3）espressivo　（4）siciliano　（5）con fuoco
B	（1）arco　（2）senza sordino　（3）una corda　（4）tre corde　（5）divisi

A　　　　　　　　　　　　B

6. 譜例1について以下の文章の空欄に最も適切と考えられる言葉を下枠の選択肢から選び記号で答えなさい。選択肢は1度しか使えないものとする。

この作品の作曲者 F. リストは、時代様式としては（1　　　）に属する（2　　　）生まれの作曲家である。（3　　　）とも呼ばれ、その分野での作品も多く作曲している。譜例の作品《喜びに満ち、悲しみに満ち》の調性は（4　　　）調で始まるが、2小節目にはすぐ（5　　　）調の（6　　　）がアルペジオで奏される。ピアノパートでは冒頭から10小節間変イ音が（7　　　）される。13小節目で調号が変り、やがて（8　　　）調である（9　　　）調へと転調するが、この調は冒頭の（4）調の（5）調の（10　　　）調を（11　　　）した調と同じである。18小節目にもとの調号に戻り、前奏のように長調と短調の間を行き来する。

> （あ）ルネサンス （い）バロック （う）古典派 （え）ロマン派 （お）ドイツ
> （か）フランス （き）ハンガリー （く）イタリア （け）歌曲王 （こ）交響曲の父
> （さ）ピアノの魔術師 （し）ヘ短 （す）変イ長 （せ）変ホ長 （そ）ロ長 （た）ヘ長
> （ち）嬰ヘ長 （つ）ホ長 （て）同主 （と）平行 （な）下属 （に）属 （ぬ）主和音
> （ね）下属和音 （の）属和音 （は）保続 （ひ）近親 （ふ）遠隔 （へ）異名同音変換
> （ほ）半音階的進行 （ま）移旋

7. （2）の和音が所属する調とその和音記号を異名同音も含めてすべて答えなさい。調名は日本語で答えること。

8. （3）を音階固有音にもつ長調の主音を下属音とする調の音階を、テノール譜表上に臨時記号を用いて上・下行形ともに全音符で書きなさい。

9. （4）を下属和音とする調の第6音を中音とする短調の音階（旋律短音階）を、アルト譜表上に調号を用いて上・下行形ともに全音符で書きなさい。（短調は旋律短音階上行形で考えなさい）

【2】 譜例2はF.リスト作曲《ピアノ小品S.189a》の冒頭部分である。この部分を減4度低く移調した楽譜を臨時記号を用いて書きなさい。譜例に書かれている記号などもすべて書き写すこと。

【3】 譜例3はF.リストが編曲したL.v.ベートーヴェン作曲の交響曲の楽譜の一部である。例にしたがって、譜例3のABCそれぞれの音符の正しい連桁を解答用紙に書き入れなさい。書き入れるのは連桁だけとする。

[譜例1]

Freudvoll und leidvoll

Franz Liszt
(Johann Wolfgang von Goethe)

愛知県立芸術大学【推薦】

譜例（F. ショパン作曲《24 の前奏曲》op.28 から第 20 番）をみて、以下の各問いに答えよ。

1. 次に示される和音とその転回形に合致する和音を、譜例のA～Qから選び答えなさい。なお、該当する答えがない場合は「なし」と書きなさい。
   - （1）長三和音の基本形　　　（　　　　　　　　）
   - （2）減七の和音の基本形　　（　　　　　　　　）
   - （3）属七の和音の第 3 転回形（　　　　　　　　）
   - （4）属七の和音の基本形　　（　　　　　　　　）
   - （5）短三和音の第 1 転回形　（　　　　　　　　）

2. ア～コの音程を答えなさい。（例：「短 3」度）

ア 度	イ 度	ウ 度	エ 度	オ 度
カ 度	キ 度	ク 度	ケ 度	コ 度

3. ア～コの音程のうち、異名同音程同士をすべて記号で答えなさい。（例：「アとイ」）
   _____

4. 譜例について、以下の各問いについて答えなさい。
   - （1）この曲は二部形式である。後半が始まる小節番号を答えなさい。（　　　　　　）小節
   - （2）11 小節目に記されている「riten.」を省略せずに書き、その意味を下記の中から選び記号で答えなさい。
     （　　　　　　　　　　　　　）（　　　　　）
     1．だんだん遅く　2．すぐに遅く　3．死に絶えるように　4．穏やかに　5．消えるように
   - （3）このような楽曲のスタイルをなんというか、下記の中から選び記号で答えなさい。（　　　　）
     1．アリア　2．サラバンド　3．モレンド　4．レチタティーヴォ　5．コラール
   - （4）以下の各部分の関係調（「属調」等）について答えなさい。
     ① 主調からみた 2 小節目　（　　　　　　　　　　　　）
     ② 主調からみた 4 小節目　（　　　　　　　　　　　　）
   - （5）作曲者が活動したのは何世紀かを答えなさい。　　（　　　　　）世紀

5. 4小節目を短2度上に調号を用いずに移調した場合、必要かつ適切な臨時記号を解答用紙の楽譜上に記入しなさい。

6. 以下の指示に従って音階の上下行形を全音符で書きなさい。なお短調の場合は旋律短音階で考えること。

　　（1）Xの音を終止音とするリディア旋法を、臨時記号を用いてバス譜表上に。

　　（2）Yの音を属調の上中音とする二つの調の音階を、臨時記号を用いてテノール譜表上に。

　　（3）Zの音を平行調の上主音とする短調の音階を、調号を用いてヴァイオリン譜表上に。

【譜例】

【Ⅰ】 次の楽譜を見て、以下の問いに答えなさい。

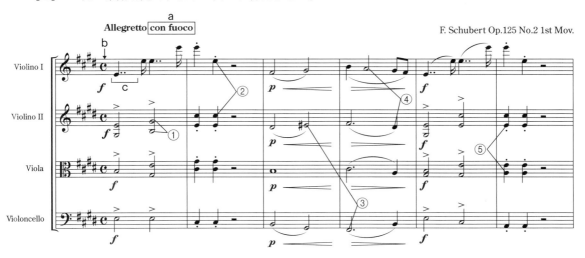

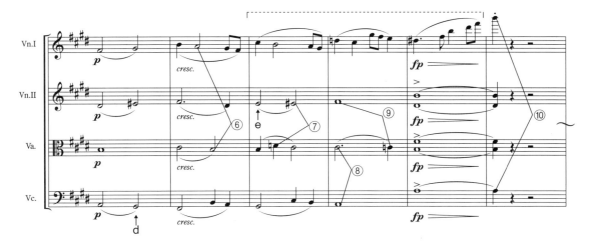

(1) 次の文章の｛　｝の中から正しいものを選び、その番号（1・2・3）を記入しなさい。

イ) aで示された楽語の意味は、｛ 1. 壮大に　2. 燃えるように　3. うめくように ｝である。　（　　　）

ロ) bで示された拍子の複合拍子は、｛ 1. 4拍子　2. 6拍子　3. 12拍子 ｝である。　（　　　）

ハ）　cで示された音符の長さは、 $\begin{Bmatrix} 1. & ♪+♪+♪ \\ 2. & ♩+♪+♪ \\ 3. & ♩+♩+♪ \end{Bmatrix}$ である。　　　　（　　　）

ニ）　dで示された音の異名同音は、 $\begin{Bmatrix} 1. & asas \\ 2. & ais \\ 3. & as \end{Bmatrix}$ である。　　　　（　　　）

ホ）　eで示された音の異名同音は、 $\begin{Bmatrix} 1. & fes \\ 2. & feses \\ 3. & fis \end{Bmatrix}$ である。　　　　（　　　）

（2）　①・②…⑩で示された2音間の音程を答えなさい。

①	②	③	④	⑤
⑥	⑦	⑧	⑨	⑩

（3）　譜例中の　　　　で示された旋律を、増4度低く調号を用いずに移調しなさい。

【Ⅱ】　次の文章の（　）内にふさわしい語句を下欄から選び、その番号を記入しなさい。

1）　（ア　　）時代の代表的な作曲家であるベートーヴェンは、（イ　　）年にドイツのボンで生まれ、その後（ウ　　）に移り生涯を終えた。彼の中期の作品に「熱情」の愛称で知られるピアノ・ソナタ第（エ　　）番、「ラズモフスキー」と名付けられた3曲の（オ　　）がある。

2）　（カ　　）時代のオペラの代表的な作曲家であるイタリアの（キ　　）とドイツの（ク　　）はいずれも（ケ　　）年に生まれた。（ク）の代表作に「（コ　　）」がある。

1．魔笛	2．トリスタンとイゾルデ	3．17
4．23	5．パリ	6．ウィーン
7．ワーグナー	8．ヴェルディ	9．弦楽四重奏曲
10．交響曲	11．古典派	12．ロマン派
13．1770	14．1810	15．1813

【III】 次の各音の上方、または下方に指示された音程をつくりなさい。
ただし、与えられた譜表上に記入すること。

イ）上方につくりなさい。

ロ）下方につくりなさい。

【IV】 次に与えられた各音を、それぞれ指示された音階構成音とする調を調号と主音で示しなさい。ただし、短調は旋律短音階上行形によるものとする。

【V】 次の文章中の［　　］内に該当する調名、または調関係を示す語を記入しなさい。

1）ロ短調（h moll）の下属調は、［　　　　　　　　　］の属調である。

2）嬰ハ短調（cis moll）の属調の平行調は、［　　　　　　　　　］である。

3）変ト長調（Ges dur）は、変ニ長調（Des dur）の［　　　　　　　　　］である。

4）ロ長調（H dur）の異名同音調は、変イ短調（as moll）の［　　　　　　　　　］である。

【VI】 次の鍵盤図を見て、以下の問いに答えなさい。

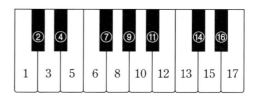

（1）鍵盤番号によって示された2音が、指示された音程や調の音階構成音であるとき、それぞれに該当する調名、または音程名を例にならって記入しなさい。ただし、短調は和声短音階の構成音によるものとする。

例

鍵盤番号	9－13	
調　名	変イ長調	
音程名	度	減4度

例解

鍵盤番号	9－13	
調　名	変イ長調	イ短調
音程名	長3度	減4度

1.

鍵盤番号	2－11	
調　名	嬰ヘ長調	
音程名	度	減7度

2.

鍵盤番号	7－10	
調　名	ニ長調	
音程名	度	増2度

3.

鍵盤番号	8－14		
調　名			
音程名	減5度		

（2）鍵盤番号 11・13・15・16 を音階構成音として含む音階の調名を答えなさい。ただし、短調は旋律短音階上行形の構成音によるものとする。

（3）鍵盤番号 7・11・14・17 によって示された和音が V_7 の和音の構成音となるときの調名を答えなさい。

【VII】次の楽譜中イ・ロ…ホで示された和音のひびきの種類（長三和音・短三和音…）を答えなさい。

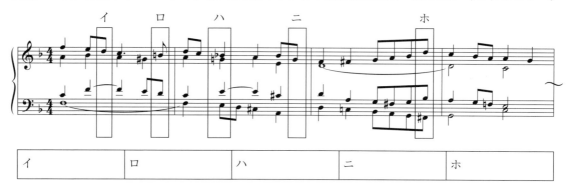

イ	ロ	ハ	ニ	ホ

【VIII】 次の旋律の調名を答えなさい。

(1) （　　　　　　　）

(2) （　　　　　　　）

(3) （　　　　　　　）

沖縄県立芸術大学

※回答欄の一部は弊社にて編集しました

Ⅰ 次の楽譜は、シューベルトの歌曲《白鳥の歌》より〈鳩の使い〉の中間部分です。以下の設問に答えなさい。

1. あ～かの音程を答えなさい。

あ	い	う
え	お	か

2. ①～⑤の和音の種類を下の欄から選び、例にならって回答しなさい。

　　例　e　　①　　　②　　　③　　　④　　　⑤

　　a．長三和音　　b．短三和音　　c．増三和音　　d．減三和音
　　e．属七の和音　　f．減七の和音

3. 上記2.の和音①～⑤の和声記号を例にならって答えなさい。

　　例　A：V$^4_3$　　①　　　②　　　③　　　④　　　⑤

4. ア～エの部分の調と各調の下属和音を例にならって書きなさい。（調号を用いること）

5. この歌曲をClarinet（※A管）で演奏する場合、譜面2段目の歌唱部5小節分は、どの様に記譜されますか。正しく実音で演奏できるよう、調号を用いて書き直しなさい。
　　※A管で記譜音を演奏すると、実音は短3度下になります。

6. 譜面4段目の点線で囲まれた部分中（a）～（d）に、休符を書き入れて譜面を完成させなさい。

II. 以下の音楽用語の意味を答えなさい。

agitato　　　　　(　　　　　　　　　　　　　　　　　　　　　)

commodo　　　　(　　　　　　　　　　　　　　　　　　　　　)

risoluto　　　　 (　　　　　　　　　　　　　　　　　　　　　)

serioso　　　　　(　　　　　　　　　　　　　　　　　　　　　)

poco diminuendo (　　　　　　　　　　　　　　　　　　　　　)

moderato　　　　(　　　　　　　　　　　　　　　　　　　　　)

amoroso　　　　 (　　　　　　　　　　　　　　　　　　　　　)

pizz.　　　　　　(　　　　　　　　　　　　　　　　　　　　　)

senza sordino　　(　　　　　　　　　　　　　　　　　　　　　)

vivace　　　　　 (　　　　　　　　　　　　　　　　　　　　　)

沖縄県立芸術大学【推薦】

I

1. ①～⑧に与えられた各音の上方に、指定した音程の音を全音符を用いて書きなさい。

　　　例　　　①　　　②　　　③　　　④　　　⑤　　　⑥　　　⑦　　　⑧
　　　長3度　長7度　短3度　増2度　短6度　増1度　完全5度　増4度　減4度

2. それぞれの転回音程を書きなさい。

①	②	③	④
⑤	⑥	⑦	⑧

II　①～⑧に示された音の下方に1音加えて、それぞれに指定した種類の和音を作りなさい。

　　　例　　　①　　　②　　　③　　　④
　　　長三和音　長三和音　短三和音　減三和音　増三和音

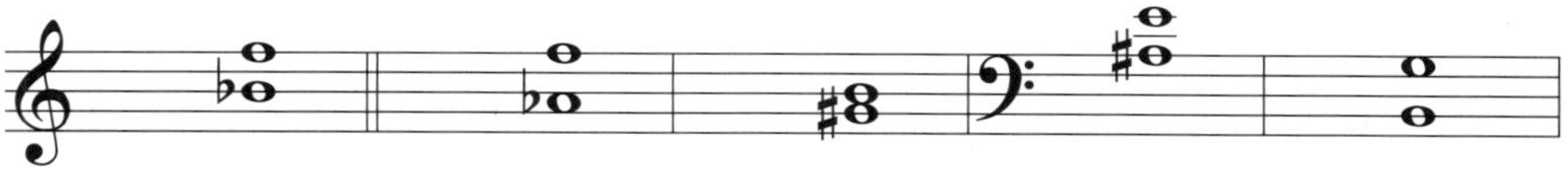

　　　⑤　　　⑥　　　⑦　　　⑧
　　　長三和音　属七の和音　属七の和音　減七の和音

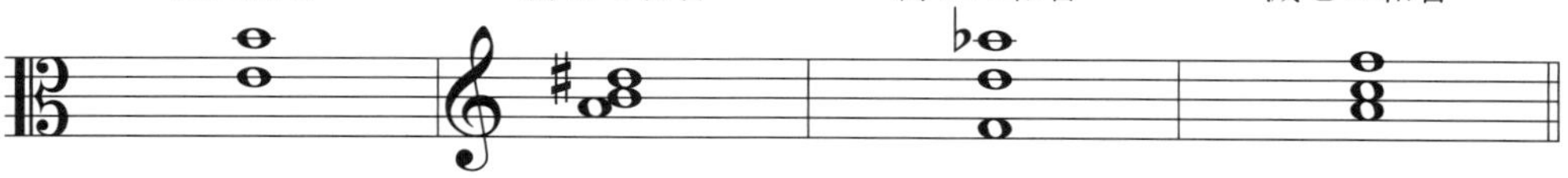

III

1. ①～④に指定した和音を解答欄の譜表上に全音符を用いて書きなさい。下線で示した調の調号を用いること。(mollに関しては、和声短音階のみを考えること。)

　　　例　Es-dur の平行調のⅣ度

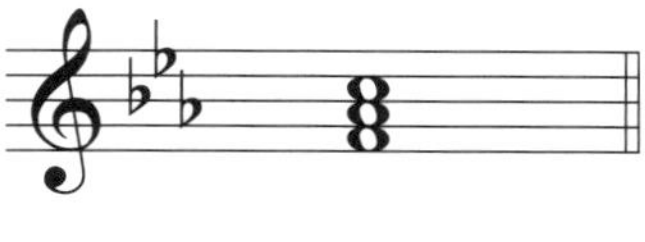

　　　①　d-moll の同主調のⅤ度

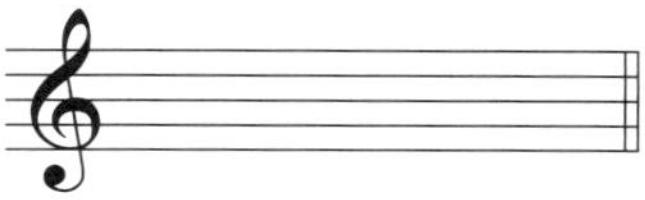

　　　②　c音を導音とする dur のⅥ度

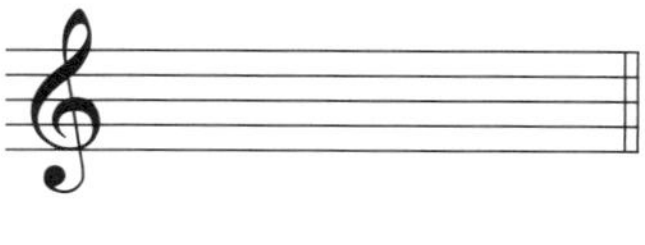

③ c音を下属音とする moll の V₇

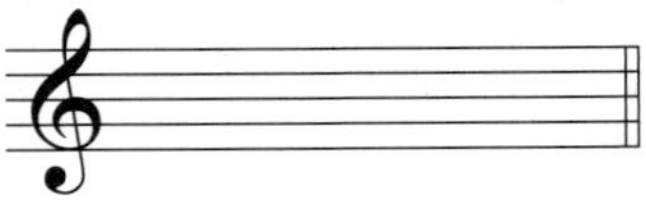

④ Ces-dur の異名同音調の V 度

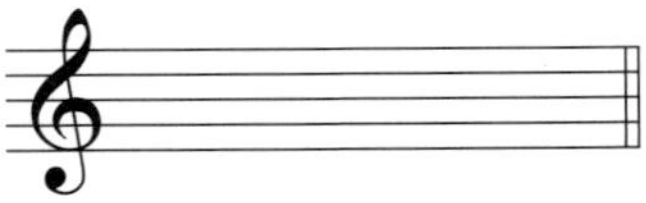

2. ①② に指定した調の音階上行形を調号を用いて解答欄の譜表上に全音符を用いて書きなさい。（moll に関しては、和声短音階のみを考えること。）

① ［譜例］を V₇ とする dur

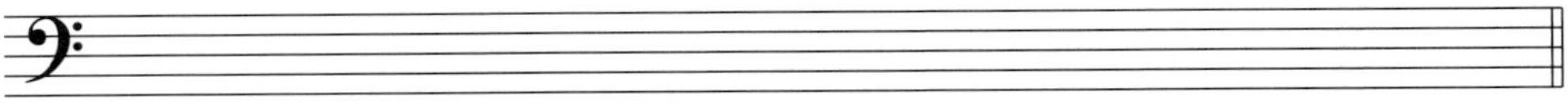

② ［譜例］の 3 音すべてを音階に含む moll

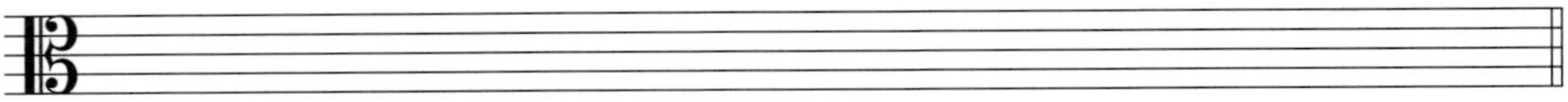

IV 次の音楽用語 ①〜⑧ より任意に 4 つ選択し、その番号を解答欄に書き説明しなさい。譜例等を用いて具体的に説明しなさい。

① colla parte ② divisi ③ L'istesso tempo ④ tutti
⑤ 全音音階 ⑥ 複合拍子（複拍子） ⑦ 近親調 ⑧ 五音音階

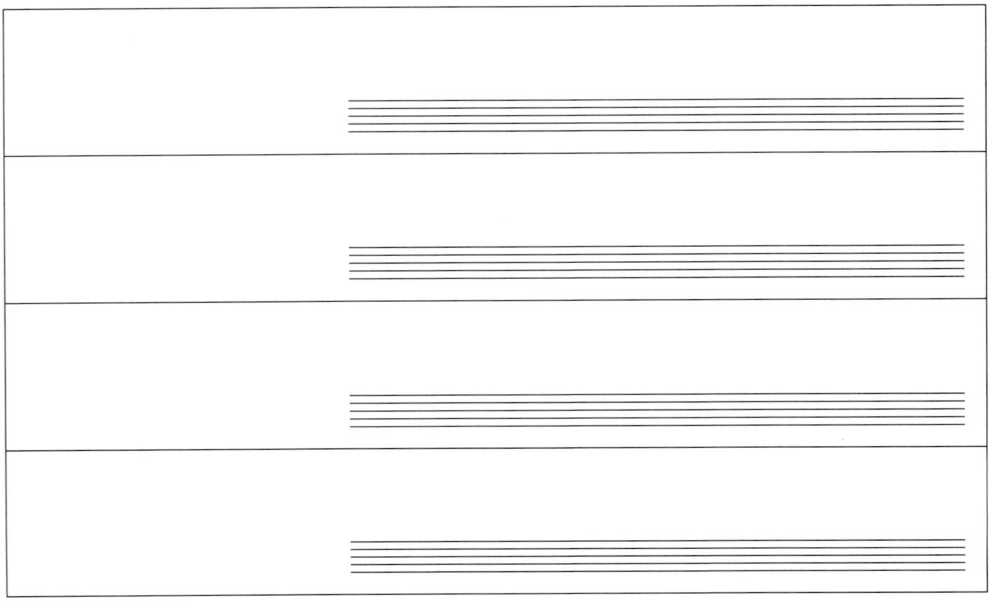

京都市立芸術大学

譜例1

I. 譜例1を見て、以下の問いに答えなさい。（計45点）

(1) ①〜⑤で示された部分の調をドイツ語で書きなさい。（2点×5）

①　　　　　②　　　　　③　　　　　④　　　　　⑤

(2) ①の調の下属音を主音とする和声的短音階を、調号を用いないで、解答用紙に示された譜表に書きなさい。（3点）

(3) ②の調の導音を主音とする長調の主要三和音を、調号を用いないで、解答用紙に示された譜表に書きなさい。（3点）

(4) ③の調のⅡ度の和音の第一転回形を、解答用紙に示された譜表に書きなさい。（3点）

(5) ④の調の属音を、第七音とする属七の和音の第二転回形を、調号を用いないで、解答用紙に示された譜表に書きなさい。（3点）

(6) ⑤の調の導音を属音とする短調の旋律的短音階上行形と下行形を、調号を用いないで、解答用紙に示された譜表に書きなさい。（3点）

(7) 次の設問の【　】に入る調性を(1)の①〜⑤から選んで書き入れなさい。（2点×5）
　ア．【　　】は②の下属調である。
　イ．【　　】は③の属調である。
　ウ．②は【　　】の平行調の同主調である。
　エ．④の平行調は、【　　】の属調の同主調である。
　オ．【　　】の平行調の属音を導音とするのは③である。

(8) あ〜おの音程、およびか〜この転回音程を、例にならって書きなさい（例：長3度）。ただし複音程は単音程になおすこと。（1点×10）

あ	い	う	え	お
か	き	く	け	こ

II. 譜例2を見て、以下の問いに答えなさい。(計55点)

(1) ①～⑩の楽語の意味を書きなさい。（2点×10）

① (　　　　　　　　　) ② (　　　　　　　　　　　　　　)
③ (　　　　　　　　　) ④ (　　　　　　　　　　　　　　)
⑤ (　　　　　　　　　) ⑥ (　　　　　　　　　　　　　　)
⑦ (　　　　　　　　　) ⑧ (　　　　　　　　　　　　　　)
⑨ (　　　　　　　　　) ⑩ (　　　　　　　　　　　　　　)

(2) ⑪～⑮の楽語の完全なつづりを書きなさい。（1点×5）

⑪ (　　　　　　　　　) ⑫ (　　　　　　　　　　　　　　)
⑬ (　　　　　　　　　) ⑭ (　　　　　　　　　　　　　　)
⑮ (　　　　　　　　　　　　　　)

(3) あ～この和音と同じ種類の和音を、解答用紙に示されたa～jの和音から選びなさい。
（2点×10）

あ (　　) い (　　) う (　　) え (　　) お (　　)
か (　　) き (　　) く (　　) け (　　) こ (　　)

(4) 冒頭の3小節間を減5度下に移調して、解答用紙に示された譜表に、調号を用いないで書きなさい。(10点)

国立音楽大学

I. 次の楽譜について、下記の問いに答えなさい。

C.Franck : String Quartet

(A) ①～⑫について、①～⑦は音程名を、⑧～⑫は転回音程名を答えなさい。（複音程は単音程に直して答えること。）

① 度	② 度	③ 度	④ 度
⑤ 度	⑥ 度	⑦ 度	⑧ 度
⑨ 度	⑩ 度	⑪ 度	⑫ 度

(B) （A）で答えた①～⑫の音程のうち、半音階的音程はどれか。該当するもの全てを①～⑫の番号で答えなさい。

（　　　　　　　　　　　　　　）

(C) 2小節目の □ で囲われた音は、何調何音階に属するか、答えなさい。

（　　　　調　　　　　　音階　）

II. 次のA群、B群それぞれに示された音名（変イ音、嬰ヘ音、ト音など）を答えなさい。また、A群の①～⑤の音名と異名同音的関係にある音名をB群から選び、a～eの記号で答えなさい。

＜A群＞
① ホ長調の平行調の導音
② ニ調旋律短音階上行形を調号を用いて記譜した場合、本位記号（♮）で示された音
③ ヘ短調の下中音の、長3度下の音
④ ロ長調の異名同音調の下属音
⑤ 嬰ホ音を上主音とする調の導音

＜B群＞
a ヘ調長音階、ロ調長音階のいずれにも同じ音名で存在する唯一の音
b ト音の第3倍音
c アルト譜表やテノール譜表に用いる音部記号の中央の音
d 管弦楽でチューニングを行う際に通常用いる音
e 変ニ音の完全5度下の、さらに完全5度下の音

A群	①	音	②	音	③	音	④	音	⑤	音
B群	a	音	b	音	c	音	d	音	e	音
異名同音	①		②		③		④		⑤	

III. 次の楽譜は、F.Mendelssohn-Bartholdy のピアノ曲《無言歌集第7巻》（Op.85）の第3曲の一部を抜き出したものです。これについて、下記の問いに答えなさい。

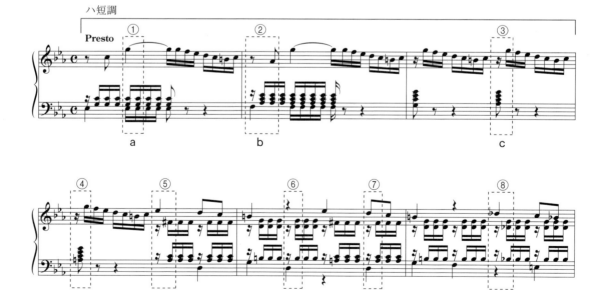

(A) ①～⑧の和音の種類を下の欄より選び、(あ)～(け)の記号で答えなさい。

（あ）長三和音	（い）短三和音	（う）増三和音	（え）減三和音
（お）長七の和音	（か）属七の和音	（き）短七の和音	（く）減五短七の和音
（け）減七の和音			

① (　　)　② (　　)　③ (　　)　④ (　　)

⑤ (　　)　⑥ (　　)　⑦ (　　)　⑧ (　　)

(B) 楽譜に示された調性に基づいて、a～gの和音記号を下の欄より選び、(ア)～(ト)の記号で答えなさい。

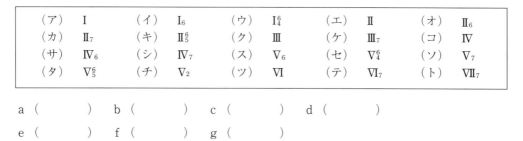

a (　　)　b (　　)　c (　　)　d (　　)

e (　　)　f (　　)　g (　　)

Ⅳ. 次の楽譜について、下記の問いに答えなさい。

W.A.Mozart : Klaviersonate K.310

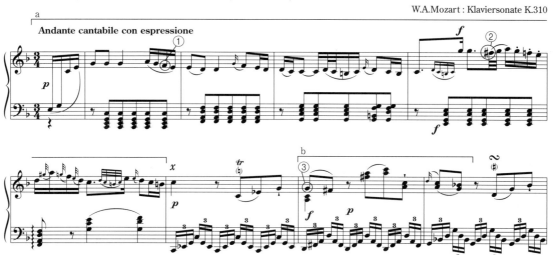

（A）　a～cの調名を答えなさい。さらに主調（ヘ長調）との関係を下の欄より選び、（ア）～（キ）の記号で答えなさい。

	a　　　　　調	b　　　　　調	c　　　　　調
主調（ヘ長調）との関係			

（ア） 属調	（イ） 下属調	（ウ） 主調	（エ） 同主調
（オ） 属調の平行調	（カ） 下属調の平行調	（キ） 平行調	

（B）　①～③の非和声音の種類を下の欄より選び、（ア）～（オ）の記号で答えなさい。

（ア）掛留音（イ）刺繍音（補助音）（ウ）倚音（エ）経過音（オ）先取音

①（　　　）　②（　　　）　③（　　　）

（C）　x y の終止の名称を下の欄より選び、（ア）～（エ）の記号で答えなさい。

（ア） 変終止　（イ） 完全終止　（ウ） 半終止　（エ） 偽終止

x　　　　　　　　　　　　　　y

Ⅴ．　次の（1）と（2）の旋律が、それぞれ何調であるか答えなさい。

（1）

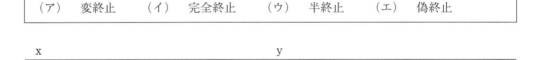

（　　　　　）調

（2）

（　　　　　）調

VI. 次の楽譜は、G.Gershwin《ラプソディ・イン・ブルー》の一部分を抜き出したものです。この旋律を長2度低く、調号を用いず移調しなさい。なお、テンポ、強弱記号、アーティキュレーションも全て書き写すこと。

VII. 下記の問いに答えなさい。

(A) 次の①～⑤の楽語の意味を右の欄より選び、(ア)～(コ)の記号で答えなさい。

① una corda　　　(　)
② dal segno(D.S.)　(　)
③ energico　　　　(　)
④ in tempo　　　　(　)
⑤ alla polacca　　(　)

(ア) 力強く　精力的に　　(イ) 愛らしく
(ウ) テンポを正確に守って　(エ) 静かに
(オ) 1つの弦で（ピアノの弱音ペダルを踏んで）
(カ) 次第に弱めながら遅く　(キ) ポーランド風に
(ク) 各音の長さを十分保って　(ケ) 記号から（𝄋まで戻る）
(コ) 初めの速さで

(B) 次の①～⑤の楽曲の作曲者を右の欄より選び、(ア)～(コ)の記号で答えなさい。

① 交響曲第100番ト長調《軍隊》Hob.I：100　(　)
② 交響曲第9番ニ短調《合唱つき》Op.125　(　)
③ 《幻想交響曲》　(　)
④ 交響曲第6番ロ短調《悲愴》Op.74　(　)
⑤ 交響曲第9番ホ短調《新世界より》Op.95　(　)

(ア) F. シューベルト
(イ) D. ショスタコーヴィチ
(ウ) P.I. チャイコフスキー
(エ) A. ドヴォルジャーク
(オ) J. ハイドン
(カ) J. ブラームス
(キ) A. ブルックナー
(ク) L.v. ベートーヴェン
(ケ) H. ベルリオーズ
(コ) W.A. モーツァルト

昭和音楽大学

I. 次の曲中に指定した各音（イ）〜（ホ）のドイツ音名を記せ。

（イ）	（ロ）	（ハ）	（ニ）	（ホ）

II. 次に示された（イ）〜（ホ）の2音間の音程を（A）欄に記せ。また、それと同じ音程をなす音を、（イ）〜（ハ）については（B）欄に示された音の上方に、（ニ）・（ホ）についてはその下方に、全音符で記せ。

(A)
(　　　)　(　　　)　(　　　)　(　　　)　(　　　)

(B)

III. 次に示された（イ）〜（ホ）の2音間の転回音程を記せ。

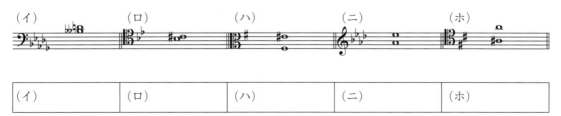

（イ）	（ロ）	（ハ）	（ニ）	（ホ）

IV. 次の楽語の意味について、その右側に書かれた日本語が適当であれば○、誤りであれば×をそれぞれ記せ。
1. perdendosi ・・・・ 次第に、強めながら速く （　　　）
2. grandioso ・・・・ 堂々と・壮大に （　　　）
3. ritenuto ・・・・ 一つ一つの音をはっきり奏する （　　　）
4. più f ・・・・・ 今までより弱く （　　　）
5. con anima ・・・・ 活気をもって・生き生きと （　　　）

V. 次の音階を、与えられた譜表上に全音符で、1.2.は調号を用いて、3.4.は調号を用いずに記せ。(ただし、主音から主音まで、上行形のみ)

1. 　を導音とする長調の音階

2. 　を属音とする短調の下属調の旋律短音階

3. 　を和声短音階の第vi音とする短調の同主調の音階

4. 　を下属音とする短調の属調の和声短音階

VI. 次に指定する和音を、1.～3.は下線で指定された調の調号を用い、4.～6.は調号を用いずに、与えられた譜表上に全音符で記せ。
1. E dur(ホ長調)の Ⅵ
2. c moll(ハ短調)の平行調のⅡ₇
3. dis moll(嬰ニ短調)の下属調のⅤ₇
4. Fis(嬰ヘ)を第5音とする長三和音
5. B(変ロ)を第3音とする減五短七の和音
6. G(ト)を第7音とする長七の和音

VII. 次の1.～4.の和音について、文中の（a）・（b）に該当する調名（ドイツ語または日本語）または和音の音度記号を、（例）にならって記せ。

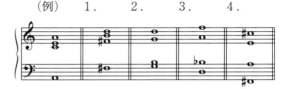

　　　　　　　　　　　　　　　(a)　　　　　　(b)
（例）は　F dur（ヘ長調）の属調の VI であり、e moll（ホ短調）の IV である。

1. は　cis moll（嬰ハ短調）の下属調の（a　　　　　）であり、（b　　　　　）の同主調の II である。
2. は　Es dur（変ホ長調）の平行調の（a　　　　　）であり、（b　　　　　）の平行調の IV である。
3. は　f moll（ヘ短調）の同主調の（a　　　　　）であり、（b　　　　　）の属調の VI$_7$ である。
4. は　A dur（イ長調）の属調の（a　　　　　）であり、（b　　　　　）の下属調の IV$_7$ である。

VIII. 次の楽譜について
1. （A）および（B）の調名を記せ。

2. （A）を調号を用いずに短3度高く移調せよ。

3. （B）を調号を用いて fis moll（嬰ヘ短調）に移調せよ。

洗足学園音楽大学

【楽典①】（ピアノ／管弦打／声楽／ワールドミュージック／音楽教育）

I.　　別紙の楽譜について、以下の問いに答えなさい。

1.　①〜⑩で示された2音間の音程を答えなさい。（例：1オクターブと長3度）

①	②	③	④	⑤
⑥	⑦	⑧	⑨	⑩

2.　①〜⑤の転回音程を、指定された音の上方に全音符で書きなさい。

3.　（イ）〜（ヌ）の四角で囲った部分で響いている和音の種類(例：長三和音)を答えなさい。

（イ）	（ロ）	（ハ）	（ニ）	（ホ）
（ヘ）	（ト）	（チ）	（リ）	（ヌ）

4.　（イ）の和音の属する調をすべて答えなさい。ただし、短調は和声短音階とする。

_____

5.　└─────┘及び└─────┘で示された部分の調を答えなさい。
　　　　　　 A　　　　　 B

　　A _____　　B _____

II.　　下記の譜例について、以下の問いに答えなさい。

1.　譜例はホ短調である。調号と臨時記号を用いて、下記の譜表上に短3度高く移調しなさい。

III. 次の各問いに答えなさい。

1. 次の音群が示す調の音階を、指定された譜表上に主音から始まる上行形となるように調号を用いずに臨時記号を用いて書きなさい。また、その調名と音階名を答えなさい。

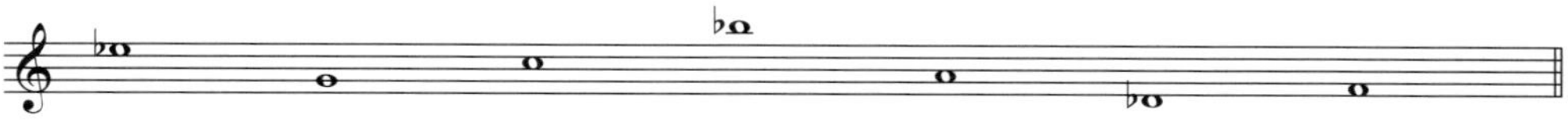

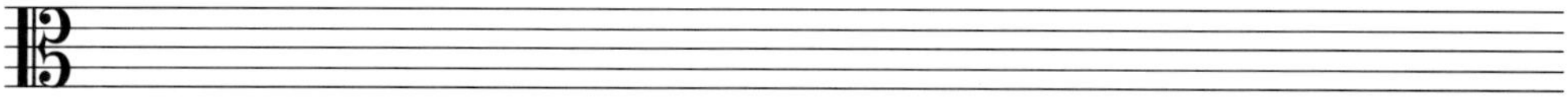

調名　：　　　　　　　　　音階名　：

2. 次の音を属音とする長音階の導音を第Ⅲ音とする和声短音階を、主音から始まる上行形となるように指定された譜表上に調号を用いて書きなさい。

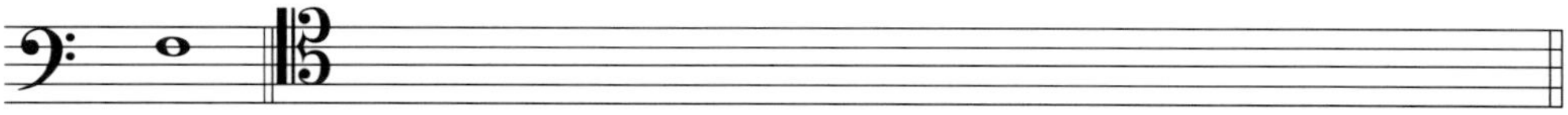

また、この調の（　　　　）調の平行調は、D dur（ニ長調）である。

IV. 次の楽語の意味に相当するものを語群から選び、（　　）の中にその番号を書きなさい。

allargando	（　）	tempo rubato	（　）
tenuto	（　）	assai	（　）
espressivo	（　）	poco	（　）
con brio	（　）	tranquillo	（　）
dolente	（　）	arioso	（　）

語群
① 次第に弱めながら遅く　② 表情豊かに　③ 生き生きと
④ 少し　⑤ 歌うように　⑥ その音を十分に保って
⑦ 正確な速さで　⑧ なめらかに奏する　⑨ 悲しげに
⑩ じゅうぶんに　⑪ 速度を自由に加減して　⑫ 次第に強めながら遅く
⑬ おだやかに　⑭ きわめて　⑮ 決然と

東京音楽大学

I　例にならい、1）から5）の音程名を（　）内に記入しなさい。また6）から10）は、あらかじめ指定された音の下に【　　】内に指示された音程を成す音を「全音符で」書き入れなさい（オクターブを超える音程は単音程で答えること）。

II　例にならい、アからオの和音について、A群からは和音の種類を、B群からは同じ種類の和音を選びなさい。該当するものがない場合は×を記入すること。短調は和声短音階で考えること。

III 指示された音階を「全音符で」書きなさい。(音階は主音から主音に至る1オクターブの上行形を書き、短調は和声短音階とする。)

1) d moll の平行調の下属調の音階を、調号を用いないで低音部譜表上に。

2) e moll の下属調の同主調の音階を、調号を用いてアルト譜表上に。

3) H dur の下属調の下属音を導音とする短調の音階を、調号を用いないでソプラノ譜表上に。

4) Des dur の下中音の異名同音を属音とする短調の音階を、調号を用いてテノール譜表上に。

5) b moll の中音の増4度上の音を導音とする長調の音階を、調号を用いないで高音部譜表上に。

IV 次の旋律断片を調判定し、(　　　)内に調名を書き入れなさい。

1) (　　　　　)

2) (　　　　　)

3) (　　　　　)

V 次のA群の①から⑩の楽語にもっともふさわしい訳語をB群から選び、（　　）の中にその番号を書き入れなさい。

< A 群 >
① ossia　　　　（　　）
② tempo giusto　（　　）
③ simile　　　　（　　）
④ alla marcia　　（　　）
⑤ dal segno　　　（　　）
⑥ largo　　　　（　　）
⑦ leggiero　　　（　　）
⑧ dolce　　　　（　　）
⑨ con moto　　　（　　）
⑩ cédez　　　　（　　）

< B 群 >
1. ただちに
2. 悲しく
3. 急速に
4. 気まぐれに
5. 動いて
6. 記号から
7. 軽やかに
8. 冒頭から
9. 繰り返さずに
10. だんだん速く
11. 同様に
12. やさしく
13. ゆったりと
14. 重々しく
15. フランス風に
16. だんだん遅く
17. 行進曲風に
18. 正確なテンポで
19. あるいは
20. テンポを揺らして

VI
1) 次の楽曲のア、イで示された音は非和声音であるが、その名称を〔①倚音　②掛留音　③経過音　④刺繍音　⑤先取音　⑥逸音　⑦保続音〕から選び、番号で答えなさい。

ア	イ

2) 上記楽曲を「調号を用いないで」短2度上へ移調しなさい。

東京学芸大学【前期】

I　次の和音を見て、下の問いに答えよ。1)、2)については、空欄にあてはまる語句を答えよ。

　　1)　この和音は(　　　)調の下属調のⅡの和音である。
　　2)　この和音がⅢの和音となる調の平行調は(　　　)調である。

　3)　2)で答えた調の旋律短音階(上行形と下行形)を、譜表に臨時記号を用いて書け。
　　　　　(上行形)　　　　　　　　　　(下行形)

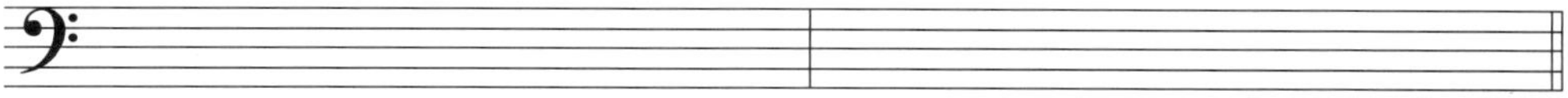

　4)　2)で答えた調の第Ⅳ音を根音とする以下の種別のコードを譜表に書け。
　　　① m7(マイナー・セブン)　　② aug(オーグメント)

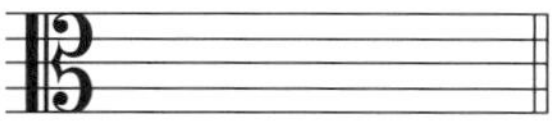

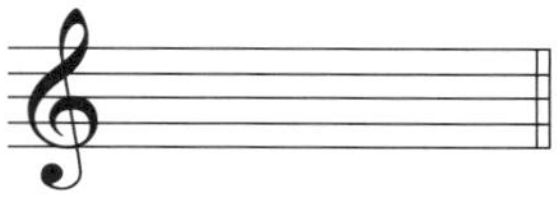

II　次の楽譜を見て、下の問いに答えよ。

1)　①〜⑤の音程を解答欄に書け。ただし、複音程は単音程にすること。

①	②	③	④	⑤

2)　①〜③の音程を、指定された音の下方につくれ。

3)　④〜⑤の転回音程を、指定された音の上方につくれ。

2)
① 　　② 　　③ 　　3)
　　　　　　　　　　　④ 　　⑤

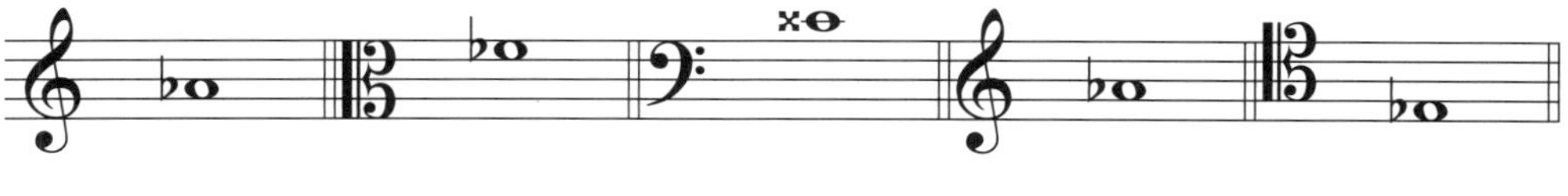

III　次の旋律を見て、下の問いに答えよ。

a) [楽譜]

b) [楽譜]

1)　a)、b)の旋律は、それぞれ何調か。解答欄に書け。
　　　a)（　　　　　　　　）調　　b)（　　　　　　　　）調

2)　b)の旋律を、短7度低く移調して譜表に書け。ただし、臨時記号を用いること。

[アルト譜表]

IV　以下の言葉の意味に該当するものを、語群より選び、数字で答えよ。
① pesante（　　）　② giocoso（　　）　③ comodo（　　）
④ animato（　　）　⑤ dolente（　　）　⑥ poco a poco（　　）
⑦ con moto（　　）　⑧ assai（　　）　⑨ amabile（　　）
⑩ semplice（　　）

語群
1. 重々しく　　2. 厳粛に　　3. 張りつめて　　4. 愛らしく　　5. 素朴に
6. 軽やかに　　7. 強調せず　　8. 都会的な　　9. 静かに　　10. 少しずつ
11. おどけて楽しく　12. 悲しげに　13. 気楽に　14. 優雅に　15. 神秘的に
16. ゆったりと　17. ほんの少し　18. 動きを伴って　19. 非常に　20. 生き生きと

V　下の問いに答えよ。

1)　以下の作曲家に関して、代表的な作曲作品を下の語群より選び、記号で答えよ。

① G. ガーシュイン（　　）　② J.S. バッハ（　　）　③ R. シューマン（　　）
④ G. プッチーニ（　　）　⑤ G. ビゼー（　　）

語群　a. 管弦楽曲《アルルの女》　　b. 歌曲集《詩人の恋》　　c. マタイ受難曲
　　　d. ラプソディー・イン・ブルー　　e. オペラ《ラ・ボエーム》

2)　1)の作曲家①～⑤の生没年と国名の組み合わせを、下の選択肢より選び、数字で答えよ。

選択肢
1. 1670年～1733年 オーストリア　　6. 1838年～1875年 フランス
2. 1685年～1750年 ドイツ　　　　　7. 1858年～1924年 イタリア
3. 1727年～1781年 フランス　　　　8. 1874年～1918年 ロシア
4. 1759年～1809年 ロシア　　　　　9. 1881年～1942年 チェコ
5. 1810年～1856年 ドイツ　　　　　10. 1898年～1937年 アメリカ

①（　　）　②（　　）　③（　　）　④（　　）　⑤（　　）

東京学芸大学【後期】

I 次の和音を見て、以下の問いに答えよ。1)、2)については、空欄にあてはまる語句を答えよ。

1) この和音は（　　　）調の属調のⅡの和音である。
2) この和音がⅢの和音となる調の平行調は（　　　）調である。

3) 2)で答えた調の旋律短音階(上行形と下行形)を、譜表に臨時記号を用いて書け。

（上行形）　　　　　　　　　　　（下行形）

4) 2)で答えた調の第Ⅲ音を根音とする以下の種別のコードを譜表に書け。

① M7（メイジャー・セブン）　　　② dim（ディミニッシュ）

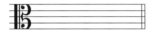 

II 次の楽譜を見て、下の問いに答えよ。

1) ①～⑤の音程を解答欄に書け。ただし、複音程は単音程にすること。

2) ①～③の音程を、指定された音の下方につくれ。
3) ④～⑤の転回音程を、指定された音の上方につくれ。

Ⅲ　次の旋律を見て、下の問いに答えよ。

a)
b)

1)　a)、b)の旋律は、それぞれ何調か。解答欄に書け。

　　　a)（　　　　　　　　　　）調　　b)（　　　　　　　　　　　　　）調

2)　b)の旋律を、長6度低く移調して譜表に書け。ただし、臨時記号を用いること。

Ⅳ　以下の言葉の意味に該当するものを、語群より選び、数字で答えよ。

① col canto（　　）　② agitato（　　）　③ ad lib.（　　）
④ pietoso（　　）　⑤ ten.（　　）　⑥ tranquillo（　　）
⑦ serioso（　　）　⑧ risoluto（　　）　⑨ presto（　　）
⑩ un poco（　　）

語群
1．歌とともに　2．音を十分保って　3．歌うように　4．音に弾みをつけて　5．自由に
6．厳粛に　7．譜面に忠実に　8．楽しげに　9．憐れみをもって　10．ピエロのような
11．穏やかに　12．愛らしく　13．ゆっくり進んで　14．せきこんで　15．立ち上がり
16．決然と　17．中庸の速さで　18．少し　19．急速に　20．徐々に

Ⅴ　下の問いに答えよ。

1)　以下の作曲家に関して、代表的な作曲作品を下の語群より選び、記号で答えよ。

① R.ワーグナー（　　）　② P.I.チャイコフスキー（　　）　③ A.ヴィヴァルディ（　　）
④ J.ケージ（　　）　⑤ W.A.モーツァルト（　　）

語群　a．交響曲第6番《悲愴》　　　　　　　b．オペラ《魔笛》
　　　c．ヴァイオリン協奏曲集《和声と創意の試み》　d．楽劇《ニーベルングの指環》
　　　e．4分33秒

2)　1)の作曲家①～⑤の生没年と国名の組み合わせを、下の選択肢より選び、数字で答えよ。

選択肢
1．1678年～1741年　イタリア　　　6．1813年～1883年　ドイツ
2．1695年～1759年　ドイツ　　　　7．1826年～1882年　フランス
3．1733年～1787年　ロシア　　　　8．1840年～1893年　ロシア
4．1756年～1791年　オーストリア　9．1865年～1924年　ノルウェー
5．1779年～1834年　フランス　　　10．1912年～1992年　アメリカ

①（　　　）　②（　　　）　③（　　　）　④（　　　）　⑤（　　　）

東京藝術大学

I. 音階に関する以下の設問に答えなさい。

1. As dur の平行調の和声的短音階を、高音部譜表上に臨時記号を用いて書きなさい。

2. ［譜例］の音を持つ全ての長音階及び旋律的短音階上行形を、メゾソプラノ譜表上に調号を用いて書きなさい。

3. ［譜例］の音を持つ長調の調名を日本語で書きなさい。

   (　　　　　　　　　　　　　　　　　　　　　　　　　　　　　　)

4. ［譜例］の和音を持つ全ての短調の調名をドイツ語で書きなさい。ただし和声的短音階で考えるものとする。

   (　　　　　　　　　　　　　　　　　　　　　　　　　　　　　　)

5. 次の譜例に使用されている教会旋法の名称を答えなさい。

   (　　　　　　　　　　　　　　)

II.　　別紙の譜例について、以下の設問に答えなさい。

1．（1）～（7）の音程を、また（8）～（10）の転回音程を答えなさい。

(1)	(2)
(3)	(4)
(5)	(6)
(7)	(8)
(9)	(10)

2．（ア）～（オ）で響いている和音の種類（例：属七の和音）を答えなさい。

（ア）　　　　　　　　　（イ）　　　　　　　　　（ウ）

（エ）　　　　　　　　　（オ）

3．［あ］と［い］の和音のそれぞれ一音を異名同音に書き換えて出来る、和音の種類を答えなさい。

［あ］　　　　　　　　　　　　　［い］

4．［A］の調名（ドイツ語）と終止形を答えなさい。

調名（　　　　　　　）　終止形（　　　　　　　　　　）

5．○で囲んだ（a）～（c）の非和声音（和音外音、転位音）の名称を答えなさい。

(a)	(b)	(c)

6．19小節～22小節の4小節間を長2度低く、調号を用いて移調しなさい。

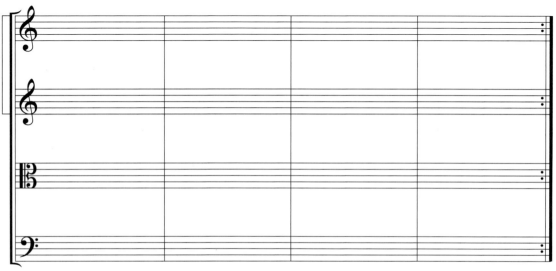

III. 次の省略して書かれた楽語（イタリア語、またはラテン語）を例にならって完全なつづりに書き改めなさい。また意味を（ア）〜（シ）から選び、記号で答えなさい。

例）　rall. → rallentando

（1）D.S.　　（2）ad lib.　　（3）string.　　（4）Tempo I　　（5）sim.

（ア）記号に戻る　（イ）最初の速さで　（ウ）左手　（エ）厳格に　（オ）幅広く
（カ）同様に　（キ）曲頭に戻る　（ク）だんだんせきこんで　（ケ）自由に
（コ）充分に音をのばして　（サ）弦で　（シ）簡単に

　　　　　　　　　　完全なつづり　　　　　　　　　意味
（1）　_____　　_____
（2）　_____　　_____
（3）　_____　　_____
（4）　_____　　_____
（5）　_____　　_____

IV. 以下の設問に答えなさい。

1. ♪ の音符の名称を答えなさい。　（　　　　　　　　　）

2. 〓 の休符の名称を答えなさい。また、この休符に相当する音符を第3間に書きなさい。

　　　名称（　　　　　　　　）・休符に相当する音符　_____

3. 𝄞 o は ハ（2点ハ）と表記する。次の①と②は何と表記するか答えなさい。

① 𝄢 o （　　　　　　　　）　② 𝄢 o （　　　　　　　　　　　）

V. 次の譜例について、演奏順を小節のアルファベットで答えなさい。また、L'istesso tempoをメトロノームによるテンポ表示にした場合の速度を答えなさい。

♩.＝90　　　　　𝄋　　　｜1.　｜2.　　　bis　　　Coda
　　　　　　　　　　　　　　　　　　　　　　　　L'istesso tempo
6/8 ｜A｜B｜C｜D:‖E｜F｜G｜H‖3/4 I｜J｜K‖
　　　　　　　　　　　　　　　　D.C.

演奏順　_____

速度　♩＝（　　　　　　）

VI. 次の楽譜を4分の2拍子に統一して書き換えなさい。

（楽譜）

VII. ①〜⑤の記号はア、イそれぞれどちらで演奏するのが適切かを記号で答えなさい。

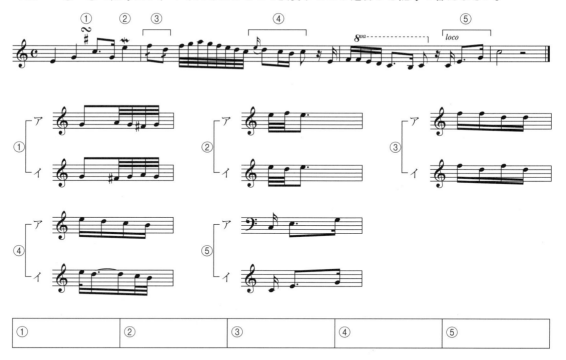

①	②	③	④	⑤

VIII. 1.〜5.のうち、正しいものに〇、間違っているものに×を書きなさい。

1. ピタゴラス律の完全5度音程は純正である。
2. A管クラリネットでハ長調の楽曲を演奏する場合、イ長調で記された楽譜を使用する。
3. 基音と第4倍音は4オクターヴの関係にある。
4. メリ、カリ、ユリとは尺八の奏法である。
5. チェロの譜面は主にバス記号で書かれるが、ト音記号やテノール記号を用いることもある。

1.(　　) 2.(　　) 3.(　　) 4.(　　) 5.(　　)

譜例　弦楽四重奏曲 Op.74-3 第2楽章 (J. ハイドン)

武蔵野音楽大学

I　音程の問題

次のア～トの音程を（　）内に書きなさい。

II　音階と調の問題

1～3に指定された音階を、調号を用いないで与えられた譜表に、主音から1オクターブ上の主音まで、全音符で書きなさい。

1

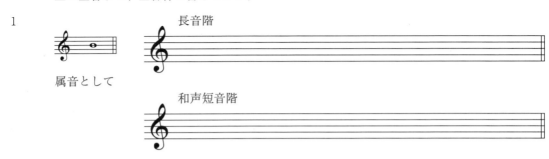

属音として

III 和音の問題

1～10 の各音が指定された和音とその構成音になるように、例にならって全音符で下の譜表に書き入れなさい。

IV 調判定と移調の問題

問1　次の楽譜中の イ ロ ハ の部分の調名を日本語で ☐ に書き入れなさい。

イ	ロ	ハ

問2　上の楽譜の［　］内を長3度低く移調し、調号を用いないで下の五線に書きなさい。

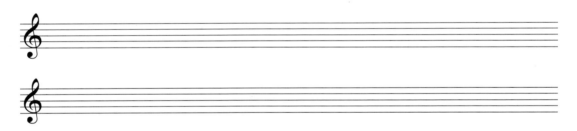

V 楽語の問題

1〜10の楽語について、その意味に該当するものを右のア〜シから選び、その記号（ア、イ、ウ…）を解答欄に書き入れなさい。

1	subito	( )	ア	行進曲風に
2	agitato	( )	イ	重々しく
3	con spirito	( )	ウ	優雅に、優美に
4	marciale	( )	エ	せきこんで、激動して
5	mano destra	( )	オ	きわめて、非常に
6	smorzando	( )	カ	たわむれるように、おどけて
7	grave	( )	キ	気楽に、適宜に
8	elegante	( )	ク	急に、すぐに
9	comodo	( )	ケ	右手で
10	molto	( )	コ	左手で
			サ	次第に弱めながら遅く
			シ	活気をもって

VI 総合問題

次の文章中の（a）～（j）に該当する語・数字等を下の枠内ア～ノから選び、その記号（ア、イ、ウ…）を解答欄に記しなさい。短調は和声短音階とする。

1. 完全4度の異名同音的音程は重減5度と（a　　）である。
2. 増6度の転回音程は（b　　）である。
3. ハ長調とハ短調に共通する音は（c　　）個ある。
4. ハ音とホ音を含む増三和音の所属する調はイ短調と（d　　）調である。
5. 第3音が導音である七の和音は（e　　）の和音である。
6. 短三和音の第5音を増1度下げると（f　　）和音になる。
7. ニ長調の平行調の下属調の同主調は（g　　）調である。
8. ♩=90、四分の三拍子、演奏時間3分6秒の小節数は（h　　）小節である。
9. 完全4度の振動数比は3：（i　　）である。
10. 次の楽曲を演奏すると全部で（j　　）小節になる。

ア 減3度	イ 短3度	ウ 長3度	エ 増3度	オ 重増5度
カ 2	キ 3	ク 4	ケ 5	コ 6
サ ハ長	シ ヘ長	ス ヘ短	セ ホ長	ソ ロ短
タ 長三	チ 減三	ツ 減七	テ 長七	ト 属七
ナ 83	ニ 88	ヌ 93	ネ 16	ノ 18

a	b	c	d	e
f	g	h	i	j

東京藝術大学音楽学部附属音楽高等学校

※回答欄の一部は弊社にて編集しました

I.　音階

1. 　この音を旋律的短音階上行形の第6音とする音階を、臨時記号を用いて書きなさい（上行形のみ）。

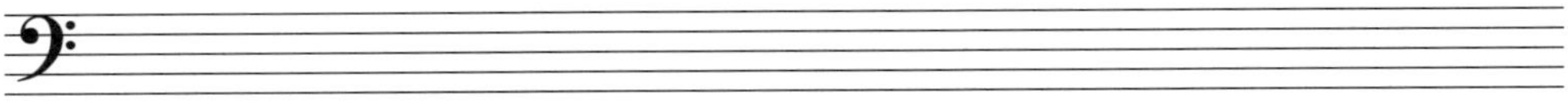

2. 　この音を和声的短音階の導音とする調の属調の同主調の音階を、臨時記号を用いて書きなさい。

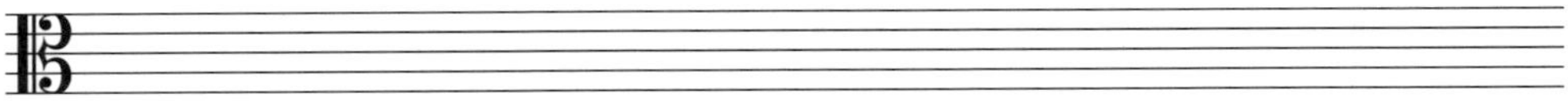

3. 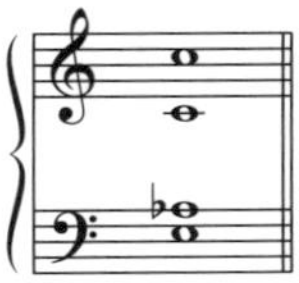　この和音を含む和声的短音階を、調号を用いて書きなさい。

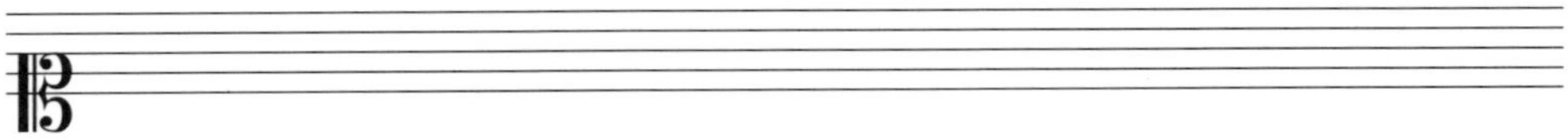

II.　別紙の譜例（J.S. バッハ作曲 カンタータ第205番第5曲 ARIA より）について答えなさい。

1.　音程

①～⑩で記した2音間の音程を答えなさい。

①	②	③
④	⑤	⑥
⑦	⑧	⑨
⑩		

2.　調

1)　この譜例には経過的な調の移り変わりをみることができる。A～Dで記した部分の調を日本語とドイツ語で答えなさい。

	A	B	C	D
日本語				
ドイツ語				

2) 点線で囲った（あ）の部分を、長3度下に調号を用いて移調しなさい。なお、歌詞を書く必要はない。

III. 和音

1) 次の①～⑥で示された和音の種類を答えなさい（例：長三和音）

E.サティ作曲　4つの前奏曲 第1番より

①	②	③
④	⑤	⑥

2) 次の音を根音として、Aは長七の和音、Bは短七の和音、Cは属七の和音、Dは減七の和音を書きなさい。

A　　　　B　　　　C　　　　D

IV. リズム
1. 同じ演奏結果になるように、1小節目の拍子を変えずに2小節目を書き直しなさい。

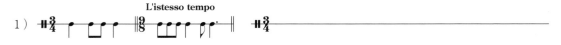

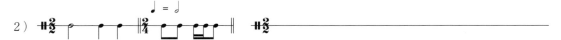

1)～3) の譜例

2. 演奏時間が14秒となるように、(A)～(C)に適切な音符を入れなさい。

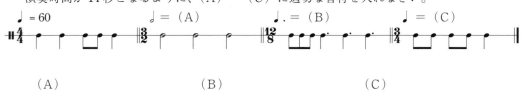

(A)　　　　　　　　(B)　　　　　　　　(C)

V. 楽語
例の左右の関係にならい、次の空欄に入る適切なイタリア語を書きなさい。

例	forte	fortissimo
	piano	①
	staccato	②
	③	Prestissimo
	④	pocchissimo

例	meno mosso	più mosso
	crescendo	⑦
	⑧	accelerando
	con sordino	⑨
	m.s.	⑩

例	Largo	Larghetto
	Andante	⑤
	⑥	Allegretto

VI. 総合
「シンコペーション」を説明しなさい。

_____
_____

東京藝術大学大学院

I. 音階に関する以下の設問に答えなさい。

1. 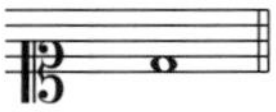 [譜例] を第6音とする和声短音階を、調号を用いてアルト譜表上に書きなさい。また、この音を第6音とする旋律短音階上行形を、調号を用いずにテノール譜表上に書きなさい。

2.  [譜例] の和音を例の様に異名同音で読み替え、その属する調を書きなさい。ただし、下例の dis moll を除く。また、属する調に Molldur は含まないものとする。

例： [譜例] → dis moll

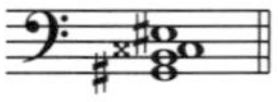

異名同音変換

属する調 （　　　）　（　　　）　（　　　）

3. G音を開始音とする全音音階を書きなさい。

4. 変ニ音を主音とする全音階をすべて、メゾソプラノ譜表上に調号を用いて書きなさい。

5. 下記の文の ① にはドイツ音名を、② には教会旋法名を書きなさい。

　　次の譜例は g moll の楽曲であり、5小節目で半終止しているが、①（　　　　　）音をフィナリスとする ②（　　　　　）旋法ということも出来る。

II. 別紙の譜例に関する以下の設問に答えなさい。

1. （1）～（4）の音程、（5）～（8）の転回音程を答えなさい。

（1）	（2）	（3）	（4）
（5）	（6）	（7）	（8）

2. （ア）～（カ）で響いている和音の種類（例：長三和音）を答えなさい。

（ア）	（イ）	（ウ）
（エ）	（オ）	（カ）

3. ［A］～［C］の調名をドイツ語で答えなさい。

［A］	［B］	［C］

4. （あ）、（い）の終止形を答えなさい。

（あ）　　　　　　　　　　　　　（い）

5. （a）～（e）は非和声音（転位音、和声外音）である。その名称を日本語で答えなさい。

（a）	（b）	（c）	（d）	（e）

6. 点線で囲んだ部分を、調号を用いず長3度下に移調しなさい。

III. 次の楽語の意味を日本語で答えなさい。

① alla polacca　　（　　　　　　　　　　　　　）

② div.　　　　　（　　　　　　　　　　　　　）

③ colla parte　　（　　　　　　　　　　　　　）

④ coll'ottava　　（　　　　　　　　　　　　　）

⑤ doux　　　　（　　　　　　　　　　　　　）

⑥ langsam　　　（　　　　　　　　　　　　　）

IV. リズムに関する以下の設問に答えなさい。

1. 次の楽譜を拍子にふさわしく、また各拍頭が明示されるように書き換えなさい。ただし、連符を使用しないこと。

2. 1.の楽譜を演奏して10秒になるよう、□の中に入る適切な数字を答えなさい。

♩ = (　　　)

V. 次の表は各楽器で演奏可能な奏法を示したものである。①～④に当てはまる奏法を下のア～オから選び、記号で答えなさい。

| ① | ② | ③ | ④ |

	クラリネット	ヴァイオリン	ハープ	ピアノ
glissando	○	○	○	○
①	○			
②	○	○		
③				○
④		○		

ア　una corda　　イ　vibrato　　ウ　sul G　　エ　falsetto　　オ　Flatterzunge

VI. 次の文章のa～gに当てはまる語を下のア～コから選び、記号で答えなさい。

現代のピアノなどに最も多く使われている音律は（a　　）であろう。これは既に17世紀にも使われていたことが判明している。この音律では全ての完全5度が純正5度より僅かに（b　　）、全ての長3度は純正長3度より約14セント（c　　）なる。当時、またそれ以前も様々な音律が使われており、1オクターブ内の8つの長3度や短3度を全て純正にし、大全音と小全音を解消する多くの（d　　）が存在した。また古代ギリシャに成立したピタゴラス律は、（e　　）を（f　　）に調律するものである。
鍵盤楽器では全ての音程を純正に定める（g　　）を、1オクターブ内の12の鍵盤で実現するのは不可能である。

ア　純正律	イ　ピタゴラス律	ウ　中全音律	エ　12等分平均律	オ　狭く
カ　広く	キ　短3度	ク　長3度	ケ　完全5度	コ　純正

譜例

音大・音高受験生のための

楽　典

2018年度 入試問題
模範解答・解説

愛知県立芸術大学　模範解答

【1】

1.

   　　　　　　　　和音の種類　　　　　　　　　転回形

   （ア）（　　長三和音　　）（　　基本形　　）

   （イ）（　　短三和音　　）（　　基本形　　）

   （ウ）（　減(五)短七の和音　）（　基本形　）

   （エ）（　　増三和音　　）（　第二転回形　）

   （オ）（　　長三和音　　）（　第二転回形　）

2. 　属七の和音

3.

a 増2度	b 減3度	c 増6度	d 減6度	e 完全5度
f 完全4度	g 短6度	h 増1度	i 増3度	j 長3度

4. 　（b）と（c）、（d）と（i）、（e）と（f）、（g）と（j）

5. 　A　（3）　　　　　　B　（3）

6. 　（1　え）（2　き）（3　さ）（4　す）（5　て）（6　ぬ）
   　（7　は）（8　ふ）（9　そ）（10　と）（11　へ）

7. 　ヘ短調　Ⅲ、　イ短調　Ⅲ、　嬰ハ短調　Ⅲ

解説　与えられた和音は増三和音なので、異名同音変換によって、3つまたは4つの調のⅢに属します。調号7つまでの範囲で異名同音変換すると、平均律上では4通りの響きしか存在しません（①～④）。答えに与えられた和音が属する調を含むのか、含まないのかを問題文から読み取りましょう。

【Theoryより抜粋】

① a:Ⅲ　cis:Ⅲ　f:Ⅲ　←今回はこれらの調を答えれば良い

② b:Ⅲ　d:Ⅲ　fis:Ⅲ　ais:Ⅲ

③ h:Ⅲ　dis:Ⅲ　es:Ⅲ　g:Ⅲ

④ c:Ⅲ　e:Ⅲ　gis:Ⅲ　as:Ⅲ　　点線は異名同音変換を示す

8.

9.

【2】

Andantino espressivo

【3】

愛知県立芸術大学【推薦】 模範解答

1. (1) (D G I P Q) (2) (なし)
   (3) (M) (4) (E F H)
   (5) (L N)

2.

ア	長6度	イ	長3度	ウ	短2度	エ	減3度	オ	増6度
カ	長2度	キ	増4度	ク	減7度	ケ	完全5度	コ	短3度

3. アとク 、 エとカ

4. (1) (⑤) 小節

   解説 ⑨〜⑫は、⑤〜⑧ の繰り返しです。a（①〜④）、b（⑤〜⑧）、b（⑨〜⑫）の二部形式を形成しています。
   従って前半 a（①〜④）、後半 b（⑤〜⑧）となり、答えは ⑤ 小節。

   (2) (ritenuto) (2)

   (3) (5)

   (4) ① (下属調の平行調) ② (属調の同主調)

   (5) (19) 世紀

5.

6.
   (1)
   (2)
   (3)

大阪音楽大学　模範解答

【Ⅰ】
(1)

| イ) | 2 | ロ) | 3 | ハ) | 2 | ニ) | 3 | ホ) | 1 |

(2)

| ① | 長6度 | ② | 短3度 | ③ | 1オクターヴと長7度 | ④ | 減5度 | ⑤ | 完全5度 |
| ⑥ | 短7度 | ⑦ | 増2度 | ⑧ | 1オクターヴと長3度 | ⑨ | 増4度 | ⑩ | 3オクターヴと長2度 |

(3)

【Ⅱ】

| ア | 11 | イ | 13 | ウ | 6 | エ | 4 | オ | 9 |
| カ | 12 | キ | 8 | ク | 7 | ケ | 15 | コ | 2 |

【Ⅲ】
イ)

ロ)

【Ⅳ】

【Ⅴ】
1) ［イ短調（a moll）］　2) ［ロ長調（H dur）］
3) ［下属調］　4) ［平行調］

1.

鍵盤番号	2 − 11	
調　名	嬰ヘ長調	ニ短調
音程名	長6度	減7度

2.

鍵盤番号	7 − 10		
調　名	ニ長調	嬰イ短調	変ロ短調
音程名	短3度	増2度	

3.

鍵盤番号	8 − 14			
調　名	変イ長調	変イ短調	嬰ト短調	ヘ短調
音程名	減5度			

（2）　　　変ロ長調　、　変ホ長調　、　変ホ短調　、　嬰ニ短調

（3）　　　ロ長調　、　ロ短調　、　変ハ長調

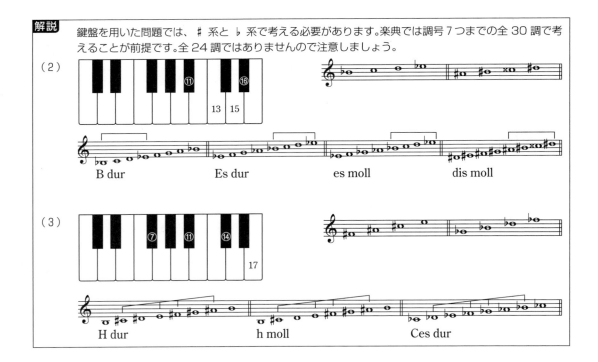

【VII】	イ　長三和音	ロ　減七の和音	ハ　減三和音	ニ　属七の和音	ホ　増三和音

【VIII】　（1）（　　ヘ長調　）（2）（　　ホ長調　）（3）（　　変ロ短調　）

沖縄県立芸術大学　模範解答

1.

ア	完全4度	イ	短2度	ウ	短3度
エ	長2度	オ	短6度	カ	完全5度

2. 例 e　① a　② a　③ b　④ a　⑤ e

3. 例 A dur : V$_3^4$　① A dur : I　② G dur : I$_4^6$　③ G dur : VI　④ Es dur : I　⑤ G dur : V$_5^6$

4. 例 (A dur)

　　ア (a moll 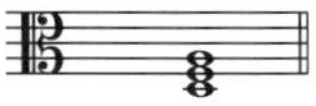)　　　　イ (G dur)

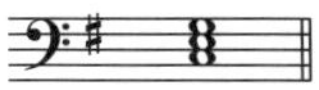

　　ウ (c moll )　　　　エ (Es dur)

5.

6.

II.　agitato　　　　　(せきこんで　　　　　)
　　commodo　　　　(気楽に　　　　　　　)
　　risoluto　　　　　(決然と　　　　　　　)
　　serioso　　　　　(厳粛に　　　　　　　)
　　poco diminuendo　(次第に少しだけ弱く　)
　　moderato　　　　(中庸の速さで　　　　)
　　amoroso　　　　 (愛情をこめて　　　　)
　　pizz.　　　　　　(弦を指ではじいて　　)
　　senza sordino　　(弱音器を使わずに　　)
　　vivace　　　　　(速く生き生きと　　　)

沖縄県立芸術大学【推薦】　模範解答

④ 全員で。全奏者が演奏する指示。

⑤ 隣り合う音が全て全音のみでできている音階のこと。実際の響きは2種類しか存在しない。

⑥ 拍子の種類の一つ。8分の6拍子、4分の9拍子など、基本となる1拍がさらに3つに分けられる拍子のこと。

⑦ ある調の固有和音を主和音とする調のこと。属調、下属調とそれぞれの平行調及び主調の同主調を指す。

⑧ 1オクターブに5つの音を持つ音階の総称。どの音を選択するかによって、多様な五音音階が存在する。

京都市立芸術大学　模範解答

I.
（1）　① b moll　② f moll　③ d moll　④ a moll　⑤ A dur

解説　調性判定には、いくつかの解き方があります。和音が多用された多声部の楽曲では、（1）跳躍する音（2）長い音価の音（3）低声部　に注目するとわかりやすくなります。ここでは主要三和音を中心として、わかりやすい和声進行が続いています。難しく感じた人は、まず下の原型和音を聞いて、調性感を感じ取る能力を身につけましょう。

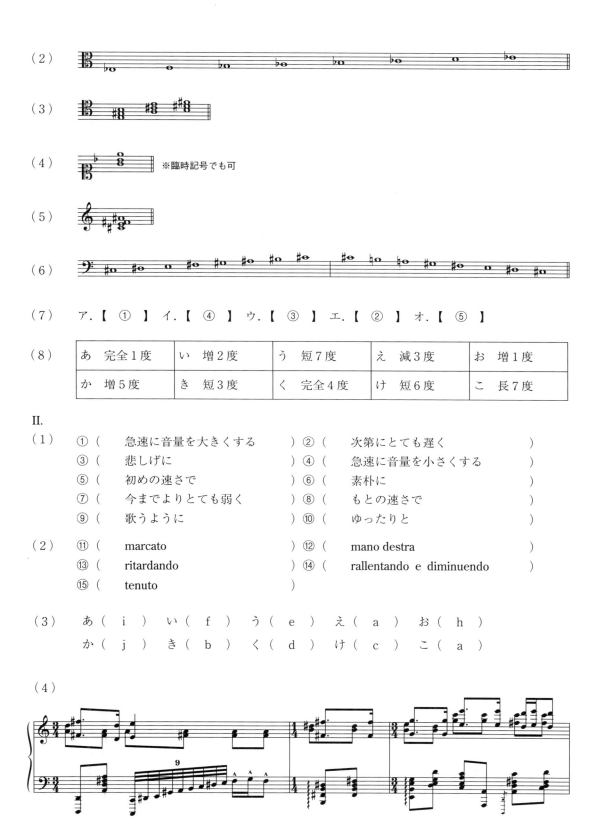

国立音楽大学　模範解答

I.
(A)

① 短3度	② 増2度	③ 減7度	④ 長6度
⑤ 減8度	⑥ 完全1度	⑦ 短7度	⑧ 減3度
⑨ 減5度	⑩ 完全4度	⑪ 短2度	⑫ 短6度

(B) （　②　③　⑤　⑧　）

(C) （　ト（短）調　和声短　音階　）

II.

A群	① 嬰ロ音	② ロ音	③ 重変ロ音	④ 変ヘ音	⑤ 重嬰ハ音
B群	a ホ音	b ニ音	c ハ音	d イ音	e 変ハ音
異名同音	① c	② e	③ d	④ a	⑤ b

III.
(A)　①（ い ）　②（ き ）　③（ お ）　④（ く ）
　　　⑤（ け ）　⑥（ あ ）　⑦（ か ）　⑧（ え ）

(B)　a（ イ ）　b（ シ ）　c（ テ ）　d（ エ ）
　　　e（ オ ）　f（ ウ ）　g（ チ ）

解説　和音に関する問題は、以下の3種類に大別できます。和音のどの側面を問われているのか、問題文をよく読んで把握しましょう。多くの出題パターンを知っておくことも重要です。

（1）和音の性質に関する問題　和音の種類や転回形（この時、調は考えなくて良い）
　例：長三和音、属七の和音、また基本形、第一転回形など

（2）ある和音が、どんな調に属すことができるのか（その部分が何調であるかは考えなくて良い）
　例：CEGが属するのは、全5調（C dur、G dur、F dur、f moll、e moll）

（3）ある調において、どんな和音記号になるのか（調判定が必要）
　例：C durであるとき、EGCはⅠの第一転回形

以下の記号は、和音記号と転回形を同時に表すことができます。

	基本形	第一転回形	第二転回形	第三転回形
三和音	Ⅰ	$Ⅰ_6$	$Ⅰ^6_4$	－
四和音	$Ⅰ_7$	$Ⅰ^6_5$	$Ⅰ^4_3$	$Ⅰ_2$

IV.

(A)	a	ハ長	調	b	ト短	調	c	ニ短	調
関係		ア			カ			キ	

(B)　①（　エ　）　②（　イ　）　③（　ウ　）

(C)　x　イ　　　　　　y　ウ

V.

(1)　（　ハ長　）調

(2)　（　ト短　）調

VI.

VII.　(A)　①（オ）②（ケ）③（ア）④（ウ）⑤（キ）

　　　(B)　①（オ）②（ク）③（ケ）④（ウ）⑤（エ）

解説

移調の問題は、大きく4つのパターンがあります（第7章参照）
（1）臨時記号の楽曲を、臨時記号を用いて移調する
（2）臨時記号の楽曲を、調号を用いて移調する　←　今回はこのパターン
（3）調号を用いた楽曲を、臨時記号を用いて移調する
（4）調号を用いた楽曲を、調号を用いて移調する

（1）の場合
純粋な音程問題として解くことができます。ただし元の楽譜の♯♭をそのまま写してはいけません。
（2）の場合
まず調性判定が必要です。その後で何調へ移調するのか考え、調号で答えます。
（3）
（1）と同様、音程問題として解くことができます。ただし調号の見落としや時間不足に注意。
（4）の場合
原曲の臨時音に↑↓♮をつけて解き、移調先でも↑↓♮をつけてケアレスミス防止する。

　いずれの場合も、移調問題は配点も多く、時間もかかります。与えられた楽譜は頭の中で演奏し、移調したものを頭の中で演奏しながら、同時に楽譜に書けるまで、たくさん問題を解きましょう。将来の音楽活動の中で必ず必要になる能力です。

原曲（調号を用いない）

調号を用いた記譜（臨時音に記号をつける）

調号を用いて移調した楽譜　　　　　　上記の↑↓♮を写し、ケアレスミスを防止

洗足学園音楽大学　模範解答

【楽典①】（ピアノ／管弦打／声楽／ワールドミュージック／音楽教育）

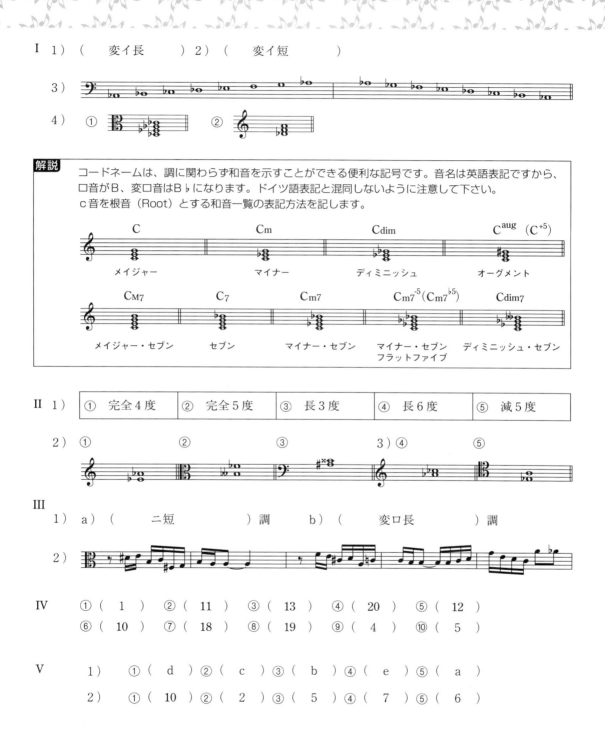

東京学芸大学【後期】 模範解答

解説　近年は出題範囲も広がり、音楽史の出題が増えてきました。中学校・高校の教科書の内容は出題範囲です。特に専門教育を受けた人は、一般音楽や他楽器がおろそかにならないよう、全て目を通しておきましょう。教科書は教科書販売所で入手できます。

今回は、作曲者の正確な出没年がわからなくても、国名と時代によって正解できる問題です。年号を機械的に覚えるのではなく、音楽史の流れを意識しましょう。また、ある時代を特徴づける音楽用語を問われることもあります。音楽用語は知っていても、言葉で説明するのは、意外に難しいものです。音楽を知らない人に説明するつもりで答えましょう。

東京藝術大学　模範解答

I.

(1) [譜例]

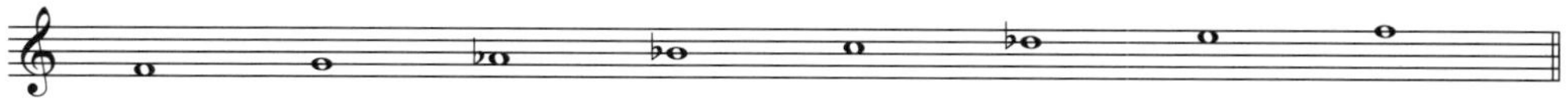

(2) [譜例]

(3) 　（　変ニ長調　）

(4) 　（　d moll　、cis moll　）

(5) 　（　ドリア旋法　）

II.

1.
(1)	完全5度	(2)	減5度
(3)	短7度	(4)	2オクターヴと増2度
(5)	1オクターヴと増4度	(6)	短6度
(7)	長7度	(8)	長3度
(9)	長6度	(10)	減8度

2. （ア）　減(五)短七の和音　　（イ）　増三和音　　（ウ）　長三和音

　（エ）　減七の和音　　（オ）　短三和音

3.
（あ）	属七の和音	（い）	長三和音

4. 調名（　H dur　）　終止形（　全終止　）

5.
（a）	経過音	（b）	刺繍音	（c）	掛留音

解説 調性音楽では、音楽の背景に和音進行がありますが、用いられた和音の構成音を和声音、異なるものを非和声音と呼びます。非和声音には6種類あります。名称と定義になじみがなくても、これまでの演奏の中で必ず接しているものです。それぞれに特有の動きを持っているので、前後の音や和音の移り変わりを見て判別します。

詳しい解説は本文にありますので、ここでは名称と動きを抜粋して掲載します。

以下は曲の推移がわかりやすいよう、大譜表に書き直した楽譜です。実際にピアノで弾いて、響きを確かめましょう。

和声音を音階的につなぐ
→経過音

和声音の隣へ行って戻る
→刺繍音

前の和音構成音がタイで伸びている
→掛留音

6.

III.
	完全なつづり	意味
（1）	Dal Segno	ア
（2）	ad libitum	ケ
（3）	stringendo	ク
（4）	Tempo primo	イ
（5）	simile	カ

IV.
1. （ 六十四分音符 ）
2. 名称（ 二全休符 ）　休符に相当する音符　　線は単線でも可
3. ①　（ ハ（ カタカナ　ハ ）） ②　（ は（ ひらがな　は ））

V.　演奏順　ABCDABCEFGHGHABIJK
　　速度　♩ =（ 90 ）

VI.

VII.
| ① ア | ② イ | ③ ア | ④ ア | ⑤ イ |

VIII.　1.（ ○ ）　2.（ × ）　3.（ × ）　4.（ ○ ）　5.（ ○ ）

武蔵野音楽大学　模範解答

I　ア（短7度）　イ（長3度）　ウ（減4度）　エ（短2度）　オ（完全5度）
　　カ（増4度）　キ（長2度）　ク（増6度）　ケ（短3度）　コ（増7度）
　　サ（短6度）　シ（長2度）　ス（完全4度）　セ（減5度）
　　ソ（短9度）または（1オクターブと短2度）　タ（増6度）
　　チ（減10度）または（1オクターブと減3度）　ツ（増2度）　テ（増4度）
　　ト（重減7度）

IV
問1

イ	ロ	ハ
ニ長調	イ長調	ロ短調

問2

V　　1（ク）　2（エ）　3（シ）　4（ア）　5（ケ）
　　　6（サ）　7（イ）　8（ウ）　9（キ）　10（オ）

VI

a	エ	b	ア	c	ケ	d	ス	e	ト
f	チ	g	セ	h	ヌ	i	ク	j	ノ

解説

1　異名同音音程は、全音階的音程を中心に考えると理論的に解けます（第2章参照）。
　重減音程や重増音程まで含めて考えること。

4　ある2音から和音を作る場合、
　根音も追加できることも忘れずに

8　演奏時間を求める公式は、以下の通りです。

$$\frac{拍子 \times 小節数}{速度} = 演奏時間（分） \qquad \frac{3 \times 小節数}{♩=90} = 3.1（分）$$

従って、3.1 × 90 ÷ 3 = 93（小節）

9　倍音列を利用します。第2倍音は、基音の2倍の振動数を持つことを示します。完全4度が出現するのが、譜例の通り第3倍音と第4倍音ですが、これが振動数の比になります。答えは 3 : 4

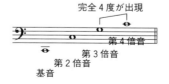

10　通常、繰り返し記号は、リピート時には省略しますが、bisやterなどはリピート時にも有効です。フェルマータは「拍子の運動を停止する」ほか「曲の終止」の意味もあります。

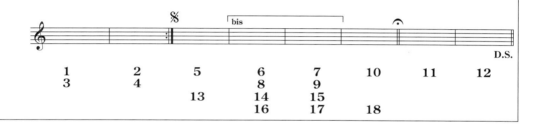

東京藝術大学附属音楽高等学校　模範解答

I.

II.
1.

①	減4度	②	1オクターヴと短3度	③	短2度
④	1オクターヴと完全5度	⑤	1オクターヴと減8度	⑥	長7度
⑦	増4度	⑧	1オクターヴと長2度	⑨	増5度
⑩	長6度				

2.
1)

	A	B	C	D
日本語	ロ短調	イ長調	嬰ヘ短調	ホ短調
ドイツ語	h moll	A dur	fis moll	e moll

解説　クラシック音楽の大部分を占める調性音楽では、まず「今、何調か」を判断することが重要です。CEGという和音でも、C durで使われる場合とG durで使われる場合では、意味と表現が変わるからです。装飾的な旋律音に惑わされず、低音や長い音価の音を中心に、調を考えましょう。

A　h moll

B　A dur

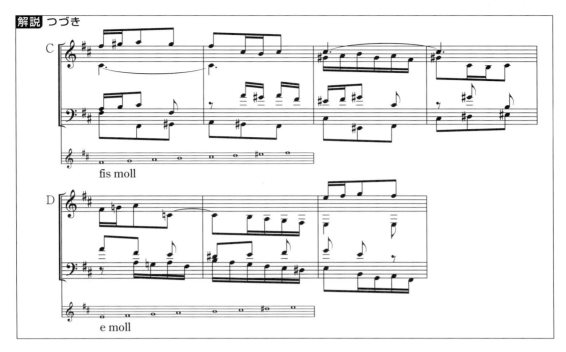

2)

III.
1)

①	減三和音	②	長三和音	③	減三和音
④	短三和音	⑤	短三和音	⑥	増三和音

IV.
1.

2.　　(A) ♩　　　　　(B) 𝅗𝅥　　　　　(C) ♩.

V.

piano	① pianissimo
staccato	② staccatissimo
③ Presto	Prestissimo
④ pochino (poco)	pocchissimo

Andante	⑤ Andantino
⑥ Allegro	Allegretto

crescendo	⑦ decrescendo
⑧ ritardando	accelerando
con sordino	⑨ senza sordino
m.s.	⑩ m.d.

※diminuendoも可

VI.　拍子の分母となる音価は拍点と呼び、強いまたは弱いアクセントをもつが、シンコペーションでは、拍点外にアクセントが置かれ、強弱が逆転する。

東京藝術大学大学院　模範解答

I.
1.

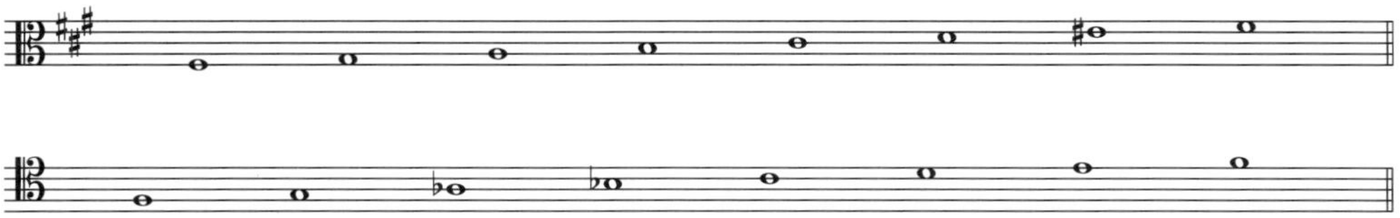

2.  → c moll
   → es moll 
   → a moll 

3.

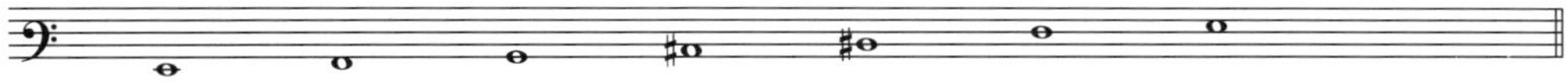

4.

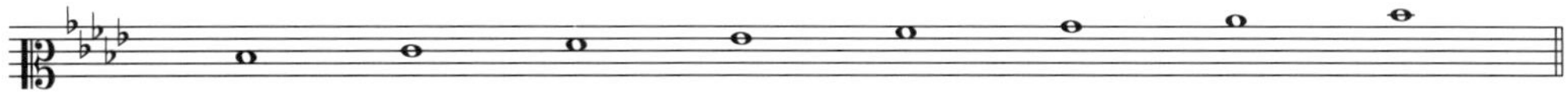

5. ①（ ト ）音　②（ ドリア ）旋法

II.
1)

（1） 完全5度	（2） 減7度	（3） 長6度	（4） 短3度
（5） 減8度	（6） 長2度	（7） 完全4度	（8） 増6度

2)

ア 長三和音	イ 属七の和音	ウ 減七の和音
エ 減三和音	オ 短三和音	カ 属七の和音

3.

[A] E dur	[B] h moll	[C] D dur

4. （あ） 半終止　　　（い） 全終止

5. | (a) 逸音 | (b) 経過音 | (c) 掛留音 | (d) 刺繍音 | (e) 倚音 |

III.
① (ポーランド風に)
② (声部を分割して)
③ (声部に従って)
④ (1オクターヴ上の音を加えて)
⑤ (やさしく)
⑥ (遅く)

IV.
1.

2. | 60 |

V. | ① オ | ② イ | ③ ア | ④ ウ |

VI. (a エ)(b オ)(c カ)(d ウ)(e ケ)(f コ)(g ア)

解説 これまでに様々な音律を考え出されましたが、いずれも既存の音律の弱点を改善する目的で、作られています。従って歴史的な流れを意識すると、わかりやすいでしょう。全てのの音高の数値（cent）を覚える必要はありませんが、純正3・4・5度と導音については覚えましょう。なお平均律の値が全て100の倍数になっていますが、1オクターヴ（1200cent）以外は全て濁った響きになることに注意してください（本文参照）。

【Theoryより抜粋】

平均律と他音律との音高比較（単位 cent. 小数点以下四捨五入　太字数字は純正倍音律の3度・4度・5度）

音律＼音高	C	Des	D	Es	E	F	Fis	G	As	A	B	H	C
平均律	0	100	200	300	400	500	600	700	800	900	1000	1100	**1200**
ピタゴラス音律	0	90※1	204	294	408	**498**	612	**702**	792	906	996	1110	**1200**
純正律	0	112	204	**316**	**386**	**498**	590	**702**	**814**	**884**	996	1088	**1200**

※1 ピタゴラス音律の半音には2種類あり、C—Cis（増1度）は114cent、C—Des（短2度）は90centになる。

書籍案内

作曲技法マスターシリーズⅠ
学習ソナタ作曲実習　増田 宏三著
本体価格6,000円＋税

　ソナタ形式を公式化するとともに、定形外のすべての要素、可能性をも観察研究の対象とし、ソナタ形式楽曲の中で生ずるあらゆる事象を部分と全体の関連に於いて、またそれぞれの機能と役割の対比に於いて捉え、ソナタの全体像を的確に把握・理解できるように配慮。

　ソナタ学習の効率化のために、学習ソナタの型を作定し、更に入門的な予備練習として空欄補充課題を用意して学習者の初歩的導入課程での困難を緩和すべく意図した。

　動機操作、展開法を客観的、網羅的に解明し、組織的且つ詳細に理解できるように解説、課題を設定。

　実際の作品の中に頻繁に用いられているが、教科書的な和声禁則をはずれている多くの和声処理を観察し、それらがどのように、また何故用いられているかを解明して、応用和声の可能性を拡大。

　ソナタ形式について、および学習ソナタについて詳述した世界で初の著作であり、ソナタ理解の基準を示し得たことを自負するものである。

作曲技法マスターシリーズⅡ
変奏曲作曲実習　増田 宏三著
本体価格4,000円＋税

　1200以上の譜例と、緻密な楽曲分析・・・作曲・音楽学専攻生はもちろん音楽家及び音楽家を目指す全ての人にお薦めする書籍。
　作曲技法シリーズは、和声理論と動機操作、テーマの展開法、形式の把握等を数多くの譜例や課題を用いて完璧に理解できるよう編纂。
　作曲・理論、音楽学専攻生、および、作曲専攻受験生必需！

指揮法＆ウィンナー・ワルツ　増田 宏三著
本体価格2,000円＋税

　第1部：ハンス・スワロフスキー直伝の指揮法を初学者にもわかりやすく解説。オーケストラの位置から見やすい指揮図形とその分解図形を網羅。
　第2部：魅力溢れるウィンナー・ワルツステップの秘密を解き明かした日本初の書。リズムエチュードにより、だれでも本場のステップを体得できる。

パンセの音楽書籍は全国の有名書店・楽器店でお求めいただけます。
万一、在庫切れの場合は当社より直接ご購入いただけます。TEL 0800-1234500

PerfectCheck Series

独習教材 STEP Up 聴音シリーズ

不得意分野を徹底的に学習！音大生にも最適

発売してすぐにSTEP Up聴音シリーズのシステマティックなカリキュラムに絶賛のお便りをたくさん頂戴いたしました。
聴音が苦手な理由を詳細に分析し、ソルフェージュ学習のノウハウを盛り込んで完成させたのが、このSTEP Up聴音シリーズなのです。

苦手分野を克服しよう

STEP Up聴音シリーズは旋律聴音・四声体密集形・四声体開離形・二声聴音をそれぞれ初歩と実践に分冊して編集してあります。

初めての方、苦手な方は各々の「初歩」から学習を始めてください。

もっと完璧に書き取れるようにしたいという方は「実践」でより高度な知識を学んでください。

旋律聴音は、単に音を聴いて書き取るのではなく、リズム・音程・転調感を養うため視唱トレーニングまで収録してあります。

四声体密集形はコードネームを活用し、より簡単に和音連結を学ぶことができます。四声体開離形では、音大生・卒業生の方にも和声学の独習書をかねてご利用いただいております。

二声聴音は、声楽的対位法から器楽的対位法に進む間に、2つの声部を完全に分離して聴き取る能力を養います。

STEP Up聴音シリーズを終了したら志望校合格へ向けて志望校別聴音模擬試験をお薦めします。

STEP 1	旋律聴音の初歩	CD 2枚組 ¥6,800円
STEP 2	旋律聴音の実践	CD 3枚組 ¥10,000円
STEP 3	四声体(密集形)の初歩	CD 3枚組 ¥10,000円
STEP 4	四声体(密集形)の実践	CD 3枚組 ¥10,000円
STEP 5	四声体(開離形)の初歩	CD 3枚組 ¥10,000円
STEP 6	四声体(開離形)の実践	CD 3枚組 ¥10,000円
STEP 7	二声聴音の初歩	CD 3枚組 ¥10,000円
STEP 8	二声聴音の実践	CD 3枚組 ¥10,000円

（表示価格は全て税別です）

PerfectCheck Series

独習教材 志望校別 聴音模擬試験
演奏形式・演奏回数まで入試と同一形式で収録

過去5年以上の入試問題を徹底分析。そっくりな課題を数多くこなせば…入試でもニッコリ！

よくパンセの教材を使った人が、入試で同じような課題が出たと言っています。なぜ的中率が高いのでしょうか。それは専門家が各大学ごとに過去の入試問題を念入りに分析した上で、類似課題を作曲しているからです。

また、学校によって異なる演奏形式（予備音・演奏回数・間隔等）から、転調方法、装飾音までいろいろな条件を全て入試と同様に収録してあるからです。なるほどニコッとしてしまうわけですね。

能力向上のノウハウを満載

聴音はやるだけ実力がつく！

慎重にしかも素早く書き取るコツを披露

東京芸術大学編より

減点対象となるポイントを把握

聴音課題CDとレッスンノート、模範解答は、パンセの指導のノウハウを余すところなく結集し、短期間でレベルアップできるよう編纂してあります。また、レッスンノートには聴音上達に欠かせない様々なテクニックや理論を満載していますから途中でつまずくことなく、満点とれてあたりまえという実力が確実に身につきます。聴音は書き取り練習の積み重ねでやればやるほど実力がつき、自信がわいてきます。しかも、CDですから一人でピアノのない部屋でも、また深夜でも何回も聴け、納得ゆくまで学習が進められます。さぁ、あなたも多くの先輩たちのようにパンセの教材で実力をつけて入試に臨みましょう。

知識が生きる多声体の書取法を公開

京都市立芸術大学編より

志望校一覧
[国公立] 愛知県立芸術大学編／京都市立芸術大学編／東京学芸大学編／東京芸術大学編／東京芸大附属高校編
[私立] 国立音楽大学編／東京音楽大学編／桐朋学園大学編／武蔵野音楽大学編

セット内容
◆レッスンノート　◆模範解答　◆データブック（傾向と対策）
◆CD 8～16枚組（課題は入試構成により80セット～20セット）

本体価格40,000円　（税別）

PerfectCheck Series

添削教材 楽典完全マスターセット
基礎から入試レベルまで 詳細な解説・丁寧な添削指導

楽典は高得点での争い ちょっとのミスで **大きな差が!!**

楽典はかなり高得点での争い。
ちょっとしたミスで、大きなダメージ。
さぁ、克服するなら今!!

●楽典完全マスターは20回に及ぶ模擬試験形式の添削指導を中心にカリキュラムが組まれています。
　1978年にスタートして以来、38,000人近くの受験生の方々にご利用いただいています。この実績を基に更に改訂を重ねて現在の音楽大学受験の傾向に沿った教材に進化しています。
●楽典マスターセットは、これから楽典を始める方、楽典が苦手な方に最適の教材です。志望校も決定し、ある程度楽典に自信のある方には志望校別添削学習セットをお勧めします。

- ●模範解答と正解の導き方を毎回送付
- ●受験生が陥りやすいミスについて徹底的に指導
- ●音符の書方から回答方法まで厳しくチェック
- ●不得意分野の勉強法・正解のコツを詳細に指導

◆ 1回の添削料が2,000円!!
楽典マスターセットには、基礎編と応用編の2種類があり、合わせて20回に及ぶ模擬試験形式の「添削課題」を中心に、詳細な解説と丁寧な添削指導、そして受験に的を絞ったテキストにより、合理的に学習を進めます。一人一人の能力に合せて専門の教授陣がきめ細やかな指導を展開しますので、受験で確実に高得点を取得できるのです。

★「楽典セオリー&レッスン」入試問題と類似傾向問題集 楽語CD付
★基礎力マスター添削課題10回分　★応用力マスター添削課題10回分
　　全20回の合計総合指導料 40,000円（税別）

PerfectCheck Series

添削教材 志望校別 添削学習セット【楽典・聴音】

志望校の傾向に沿った楽典・聴音の模擬試験!!
全10回の模試はあなたのペースで進めます。

●18年間継続してきた入試直前模試受講者の合否およびパンセリポートで毎年掲載してきた「楽典誌上模擬試験」を基に作成した当社独自のコンピュータデータベースシステムによる偏差値を基準として、今後どのような学習が必要なのか明確に指導します。
●志望校に沿った楽典・ソルフェージュを受験まであなたの学習進度に合わせて実施できます。苦手な分野の克服方法等も毎回お知らせ致します。
●添削学習セットは志望校が決定してある程度楽典を勉強している方にお勧めします。これから楽典を始める方、楽典が苦手な方には楽典完全マスターセット、STEP Up聴音シリーズをお勧めします。

◆◆◆ 志望校別一覧 ◆◆◆
愛知県立芸術大学／京都市立芸術大学
国立音楽大学／東京音楽大学
東京学芸大学／東京芸術大学
桐朋学園大学／武蔵野音楽大学
東京芸大附属高校

●商品構成
聴音課題CD・楽典問題用紙・回答用紙・返送用封筒・楽典セオリー&レッスン 入試問題と類似傾向問題集 楽語CD付

全10回の合計総合指導料 42,800円（税別）

楽典課題例
日頃のトレーニングの成果を試し、解答方法と時間配分を身につけます。

聴音解答・解説例
大学ごとに異なるポイントを、詳細な解説を参照して完璧にマスター!!

個人カルテ例

ご購入申込み専用電話　**0800-1234500**　(フリー)　携帯・PHS

こちらも詳しい情報が満載
http://panse.co.jp/shop
E-Mail shop@panse.jp

株式会社 パンセ・ア・ラ・ミュージック
〒349-0115 埼玉県蓮田市蓮田3-43-1

あなたにピッタリの

STEP 1　旋律聴音の初歩

　聴音の旋律課題をやってみた人の多くは「なんとなくできたところと、なんとなくできないところがある」という感想が大半ではないでしょうか。
　今は「そのうち、できるようになるだろう」と思っているかも知れませんが、ケアレスミスには根本的な理由があるのです。これを克服しない限り、完璧には書き取れません。下のような点に該当する人は、この教材で「跳躍音程」「リズム強化」「記憶力アップトレーニング」について徹底的に学習しましょう。

こんな人におすすめ
- ☐ 音の高さがずれてしまう
- ☐ 書いている間に忘れてしまう
- ☐ リズムが苦手
- ☐ 臨時記号に気がつかない

【教材内容】
レッスンノート・CD 2枚　本体6,800円

STEP 2　旋律聴音の実践

　志望校の過去問題だけをひたすら練習している人いませんか？専攻実技の場合、練習もせずにレッスンに行く人はいないと思います。聴音も同様です。週に1度、2週に一度のレッスンだけでは上達しません。
　聴音課題では、「誰もが書き取れるところ」「誰もが難しく感じるところ」の両方が含まれています。「誰もが難しく感じるところ」で確実に点を取るかが、合否のポイントとなります。他の人がつまづく点を項目別に攻略して、満点をめざしましょう。

こんな人におすすめ
- ☐ 後半になると突然書き取れなくなる
- ☐ ♯と♭の使い分けがわからない
- ☐ 難しいリズムがあると数えられない
- ☐ 半音階が「だんご」状に聞こえる

【教材内容】
レッスンノート・CD 3枚　本体10,000円

STEP 3　四声体（密集形）の初歩

　クラシック音楽の大きな特徴に「和音・和声とその移り変わり」が挙げられます。和音の響きやその移り変わりに無関心では、正しくクラシック音楽の理解することはできません。ここでは和音の種類と響きを覚え、次に連結のルールについて学びます。入試に出やすい連結パターン一覧を掲載している他、四声体聴音でよく用いられる特殊な和音についても、響きの違いやその理由や利用法について、詳しく説明しています。

こんな人におすすめ
- ☐ バスが聞き取れない
- ☐ 実は、内声を半信半疑で書いている
- ☐ 属七の和音や減七の和音をよく間違える
- ☐ 内声に臨時記号が入るとお手上げだ

【教材内容】
レッスンノート・CD 3枚　本体10,000円

STEP 4　四声体（密集形）の実践

　高いソルフェージュ力を身につけることは、練習時間の短縮や分析に有益です。密集形の和音は、ピアノ専攻生以外でも、響きと転回位置を捉えやすく、楽典や視唱を解く上でも大きな助けとなります。この巻では、転調の種類や終止の学習を通じて、クラシック音楽に欠かせない調性感を身につけます。これらは楽曲理解に大いに役立ちます。また伴奏付け・弾き歌い・移調奏などを行う基礎能力ともなりますので、しっかりマスターしましょう。

こんな人におすすめ
- ☐ 変わった響きの和音に弱い
- ☐ どの音を重ねるのかわからない
- ☐ 転調が苦手である
- ☐ 和音の連結を理論的に知りたい

【教材内容】
レッスンノート・CD 3枚　本体10,000円

『聴音トレーニング』の教材選びならおまかせ！
STEPは？

STEP 6 四声体（開離形）の実践

　四声体聴音の課題を解いたことがある人はわかると思いますが、最初のうちはほとんど聞き取れません。「リズムは簡単」「和音構成音しかない」のに、下の声部が埋没してしまうのです。しかし、訓練を続けていくうちに「聞こえた」という瞬間が増え、どんどん上達していきます。学習すればするほど満点をねらいやすいのが、この四声体聴音なのです。多くの難関校で実施されるため、志望校別聴音模擬試験の補強教材としても、活用していただけます。

こんな人におすすめ
- ☐ よくオクターブ違いで間違える
- ☐ アルトとテノールを逆に書いてしまう
- ☐ 他調の和音が出るとわからなくなる
- ☐ どうしても満点が取れない

【教材内容】
レッスンノート・CD 3枚　本体10,000円

STEP 8 二声聴音の実践

　聴音の目的は、単に音高とリズムを書き取るだけではありません。さまざまな音型を覚え、どのような表情を持っているのか、さらに楽曲の構成や転調推移を読み取って、ふさわしい演奏様式を自ら考える基礎体力をつけるために長い時間をかけて訓練するのです。
　STEP Upシリーズの集大成として、二声課題を通して記憶力・リズムの強化、さまざまな拍子、テーマと非和声音の扱いなど、楽曲分析に必要な知識を身につけましょう。

こんな人におすすめ
- ☐ 規定回数内で書取れない
- ☐ 難しい小節があると、その先も全滅する
- ☐ 書いているうちに忘れてしまう
- ☐ 入試では満点を取って差をつけたい

【教材内容】
レッスンノート・CD 3枚　本体10,000円

STEP 5 四声体（開離形）の初歩

　四声体の聴音には「導音は主音へ」など一定の法則がありますが、これは主に「和声学」に由来します。その都度法則を丸暗記するよりも、和声学のエッセンスを学んだ方が近道です。
　また、音大音高の多くで「和声学」の授業がありますが、規則を覚えて課題を解くだけでなく、実際にどのような響きになるのを想像できなくてはなりません。和声課題や聴音課題を数多く解いて、その響きとルールを覚えていきましょう。

こんな人におすすめ
- ☐ 開始和音の配置がわからない
- ☐ ソプラノ以外は聞き取れない
- ☐ 属七の和音や減七の和音をよく間違える
- ☐ ♯と♭が入るとわからなくなる

【教材内容】
レッスンノート・CD 3枚　本体10,000円

STEP 7 二声聴音の初歩

　「実技練習が大変で、ソルフェージュまで手が回らない」という声をよく聞きます。しかし、バッハなどの多声部楽曲を練習する時に、低音が聞き取れないままで良いものでしょうか。
　入試で聴音の試験を行うのは、自分や他人の演奏を正しく聴く耳を持っているかを問うためです。低音に苦手意識を持つ人は多いと思いますが、低音二声部や不協和音程とその解決などのトレーニングを通して徹底的に学びましょう。

こんな人におすすめ
- ☐ 低音が聞きにくい
- ☐ ヘ音記号に書くのは時間がかかる
- ☐ 休符とタイの区別がつかない
- ☐ 初めに休符のある課題は苦手だ

【教材内容】
レッスンノート・CD 3枚　本体10,000円

教材お申し込みの方は、今すぐお電話を！
ご質問のある方も、こちらへどうぞ！

Free 携帯も可　**0800-1234500**

音大・音高受験生のための
楽典 THEORY & LESSON

2018年12月1日　第15版第1刷発行

THEORY & LESSON — 平野　浩稔
入試問題解答解説 — 越村　暁子
浄書・編集 ——— 株式会社パンセ・ア・ラ・ミュージック
発行所 ————— 株式会社パンセ・ア・ラ・ミュージック

本文乱丁・落丁に問題がある場合はお取り替え致します。
本書の内容を無断で転記・転載することを禁じます

当社最新情報はインターネットでどうぞ

最新情報なら　http://panse.jp/
教材情報は　　http://panse.co.jp/shop
　（E-mail）　info@panse.co.jp

〒349-0115　埼玉県蓮田市蓮田3 - 43 - 1
TEL 0800 - 1234 - 500（free）